JN441203

目 次

題字：剛菴 宋成鏞

부1. 도해법문

부2. 최초법어 부연법문 도해

부3. 도해법문

少太山大宗師 偈頌

有는 無로 無는 有로
돌고돌아 至極하면
有와 無가 俱空이나
俱空 亦是 具足이라.

鼎山宗師 偈頌

한 울 안 한이치에
한 집 안 한권속이
한 일 터 한일꾼으로
일원세계 건설하자.

永天永地 慕仰無極

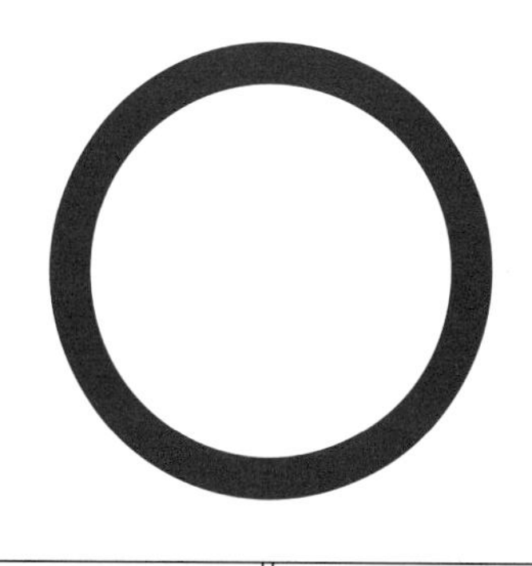

知恩報恩

正覺正行

因果報應의 信仰門

四恩

天地恩
父母恩
同胞恩
法律恩

四要

自力養成
智者本位
他子女教育
公道者崇拜

報恩卽佛供

處處佛像
事事佛供

一圓은 法身佛이니
宇宙萬有의 本源이요
諸佛諸聖의 心印이요
一切衆生의 本性이다.

偈頌

有는 無로
無는 有로
돌고 돌아
至極하면
有와 無가
俱空이나
俱空 亦是
具足이라.

眞空妙有의 修行門

三學

精神修養
事理研究
作業取捨

八條

信 忿 疑 誠
不信 貪慾 懶 愚

動靜間不離禪

無時禪
無處禪

無我奉公

佛法活用

教理圖

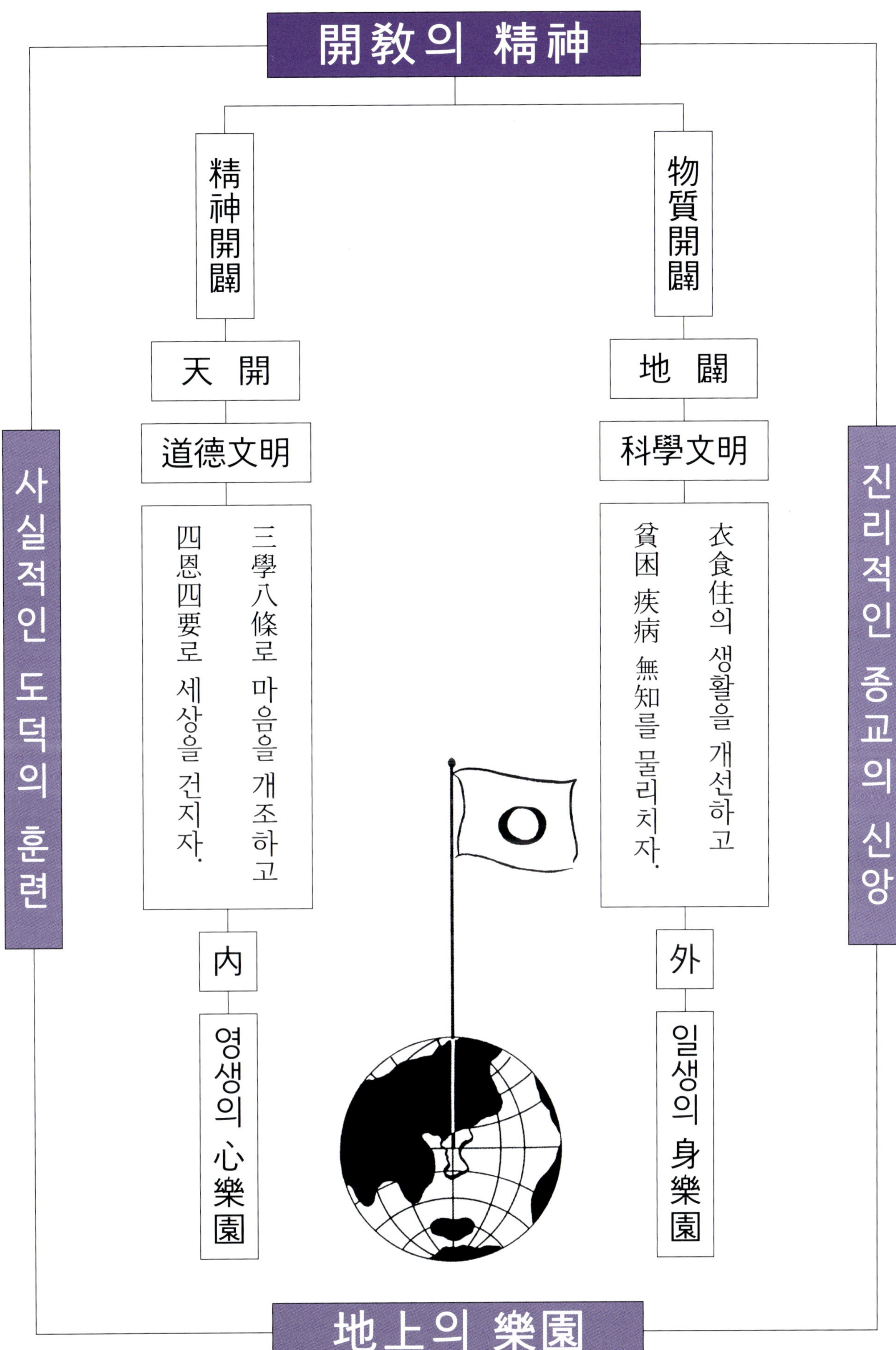
開教의 精神
精神開闢
物質開闢
天 開
地 闢
道德文明
科學文明
三學八條로 마음을 개조하고
四恩四要로 세상을 건지자.
衣食住의 생활을 개선하고
貧困 疾病 無知를 물리치자.
內
外
영생의 心樂園
일생의 身樂園
사실적인 도덕의 훈련
진리적인 종교의 신앙
地上의 樂園

教法의 宣言

一圓의 圓滿한 眞理

四要의 원만한 치국, 치평

四要實踐은 세계평등의 원리요 대도이다.

四恩의 원만한 신앙, 봉공

四恩報恩은 세계평화의 원리요 대도이다.

三學八條의 원만한 수행

三學八條는 만생령 부활의 원리요 대도이다.

萬古의 大法

天下의 大道

一 圓 化

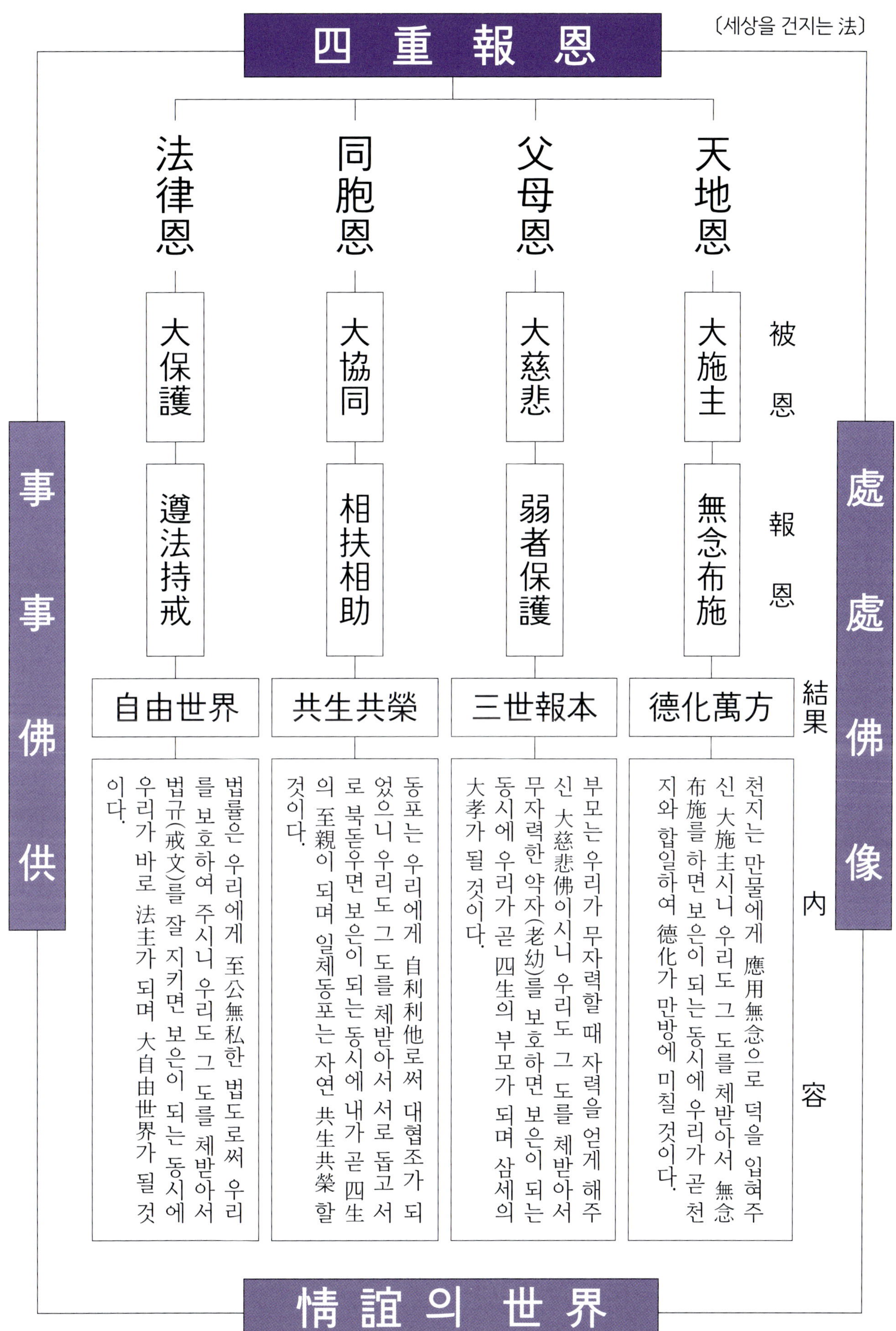

〔세상을 건지는 法〕
四重報恩
天地恩
父母恩
同胞恩
法律恩
被恩
大施主
大慈悲
大協同
大保護
報恩
無念布施
弱者保護
相扶相助
遵法持戒
結果
德化萬方
三世報本
共生共榮
自由世界
內容
천지는 만물에게 應用無念으로 덕을 입혀주신 大施主시니 우리도 그 도를 체받아서 無念布施를 하면 보은이 되는 동시에 우리가 곧 천지와 합일하여 德化가 만방에 미칠 것이다.
부모는 우리가 무자력할 때 자력을 얻게 해주신 大慈悲佛이시니 우리도 그 도를 체받아서 무자력한 약자(老幼)를 보호하면 보은이 되는 동시에 우리가 곧 四生의 부모가 되며 삼세의 大孝가 될 것이다.
동포는 우리에게 自利利他로써 대협조가 되었으니 우리도 그 도를 체받아서 서로 돕고 서로 북돋우면 보은이 되는 동시에 내가 곧 四生의 至親이 되며 일체동포는 자연 共生共榮 할 것이다.
법률은 우리에게 至公無私한 법도로써 우리를 보호하여 주시니 우리도 그 도를 체받아서 법규(戒文)를 잘 지키면 보은이 되는 동시에 우리가 바로 法主가 되며 大自由世界가 될 것이다.
處處佛像
事事佛供
情誼의 世界

〔세상을 고르는 法〕

四要實踐

自力養成

오늘은 내 힘으로 살았는가? 빚지고 살았는가?

- 정신의 自主力
- 육신의 自活力
- 경제의 自立力
(부부 경제 자립)

① 자력을 양성하여야 남녀 차별과 인류 차별이 없어져서 자연 人權平等이 될 것이다.

② 자력은 인격이요 권리요 행복이요 건설이요 건강이다.

人權平等

智者本位

오늘은 모르는 것을 배워서 알고 살았는가?

- 도덕의 스승
- 정사의 스승
- 학술의 스승
- 생활의 스승
- 상식의 스승

① 智者를 본위로 하여야 班常과 嫡庶와 노소와 남녀와 인종의 차별이 없어지고 자연 知識平等이 될 것이다.

② 智慧와 知識은 눈이요 수족이요 힘이요 영생의 등불이다.

③ 성인은 아랫사람에게 묻는 것을 부끄럽게 여기지 않는다.

知識平等

他子女教育

오늘은 아는 것을 가르쳐 주고 살았는가?

- 개인도의 의무장학
- 사회도의 의무장학
- 국가도의 의무장학
- 세계도의 의무장학
- 교단도의 의무장학

① 타자녀교육을 실시하여야 문명의 혜택이 고루 입혀져서 어리석음이 없어지고 밝은 천지가 되어 자연 教育平等이 될 것이다.

② 저만 알고 있는 것은 열리지 못한 사람이요 큰 빚을 지고 있는 사람이다.

③ 동서 성인이 다른 분이 아니라 다만 教民化民을 잘 하시는 분이다.

教育平等

公道者崇拜

오늘은 사회에 유익을 주고 살았는가? 손해를 주고 살았는가?

- 정신으로 봉공
- 육신으로 봉공
- 물질로 봉공

① 공도자를 숭배하여야 公道獻身者가 많이 나오게 되어 빈부의 차가 골라져서 자연 生活平等이 될 것이다.

② 공도주의는 세계평화에 근본이 된다.

③ 세상에 제일 높은 어른은 천하에 제일 유익을 많이 주고 가신 분이다.

生活平等

平等世界 이룩하자

氈盤世界

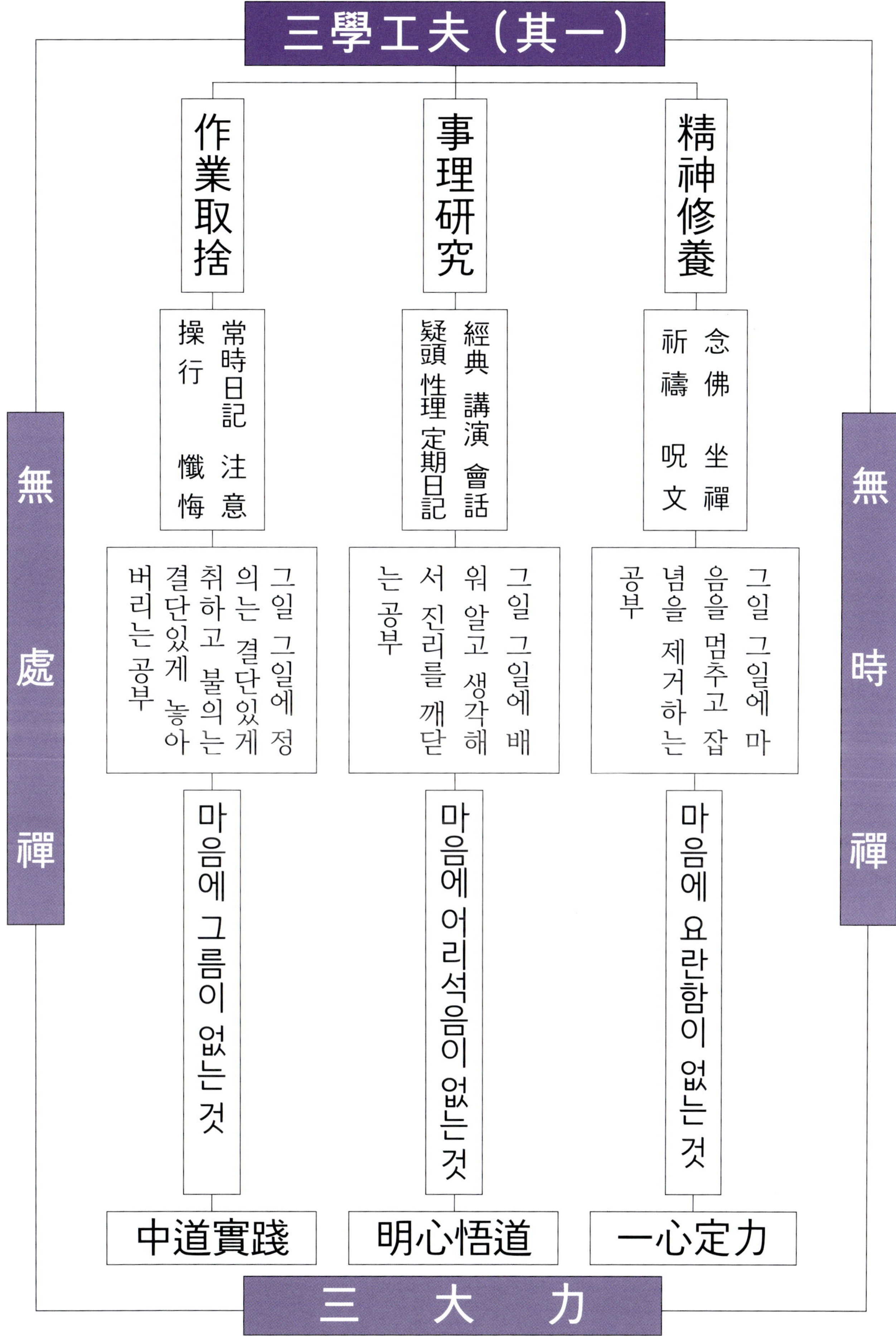
三學工夫 (其一)
作業取捨
常時日記 注意
操行 懺悔
그일 그일에 정의는 결단있게 취하고 불의는 결단있게 놓아버리는 공부
마음에 그름이 없는 것
中道實踐
事理研究
經典 講演 會話
疑頭 性理 定期日記
그일 그일에 배워 알고 생각해서 진리를 깨닫는 공부
마음에 어리석음이 없는 것
明心悟道
精神修養
念佛 坐禪
祈禱 呪文
그일 그일에 마음을 멈추고 잡념을 제거하는 공부
마음에 요란함이 없는 것
一心定力
無處禪
無時禪
三 大 力

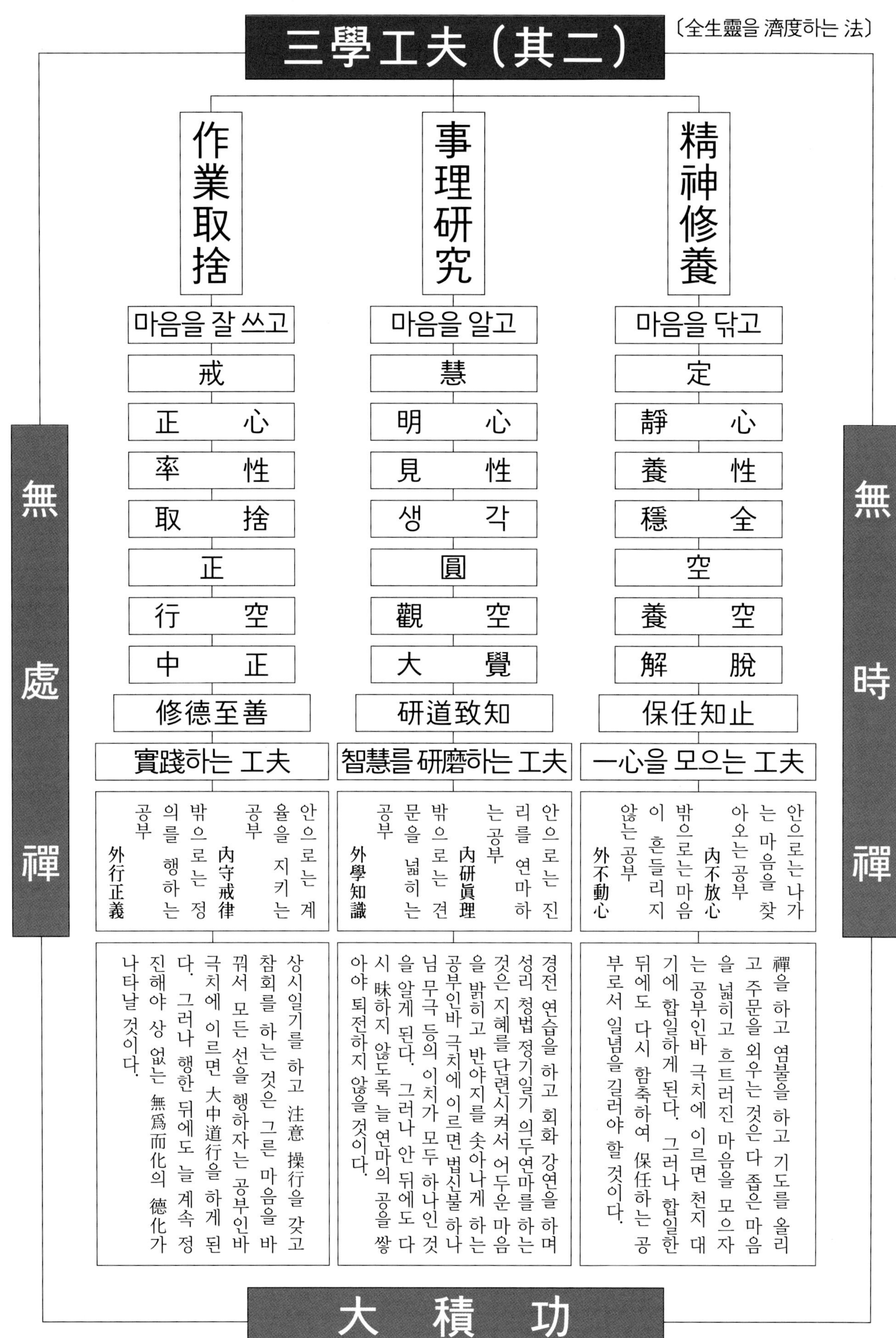

三學工夫（其二）
〔全生靈을 濟度하는 法〕
作業取捨
事理研究
精神修養
마음을 잘 쓰고
마음을 알고
마음을 닦고
戒
慧
定
正 心
明 心
靜 心
率 性
見 性
養 性
取 捨
생 각
穩 全
正
圓
空
行 空
觀 空
養 空
中 正
大 覺
解 脫
修德至善
研道致知
保任知止
實踐하는 工夫
智慧를 研磨하는 工夫
一心을 모으는 工夫
안으로는 계율을 지키는 공부 內守戒律
밖으로는 정의를 행하는 공부 外行正義
안으로는 진리를 연마하는 공부 內研眞理
밖으로는 견문을 넓히는 공부 外學知識
안으로는 나가는 마음을 찾아오는 공부 內不放心
밖으로는 마음이 흔들리지 않는 공부 外不動心
상시일기를 하고 注意 操行을 갖고 참회를 하는 것은 그른 마음을 바꿔서 모든 선을 행하자는 공부인바 극치에 이르면 大中道行을 하게 된다. 그러나 행한 뒤에도 늘 계속 정진해야 상 없는 無爲而化의 德化가 나타날 것이다.
경전 연습을 하고 회화 강연을 하며 성리 청법 정기일기 의두연마를 하는 것은 지혜를 단련시켜서 어두운 마음을 밝히고 반야지를 솟아나게 하는 공부인바 극치에 이르면 법신불 하나님 무극 등의 이치가 모두 하나인 것을 알게 된다. 그러나 안 뒤에도 다시 昧하지 않도록 늘 연마의 공을 쌓아야 퇴전하지 않을 것이다.
禪을 하고 염불을 하고 기도를 올리고 주문을 외우는 것은 다 좁은 마음을 넓히고 흐트러진 마음을 모으자는 공부인바 극치에 이르면 천지 대기에 합일하게 된다. 그러나 합일한 뒤에도 다시 함축하여 保任하는 공부로서 일념을 길러야 할 것이다.
無處禪
無時禪
大 積 功

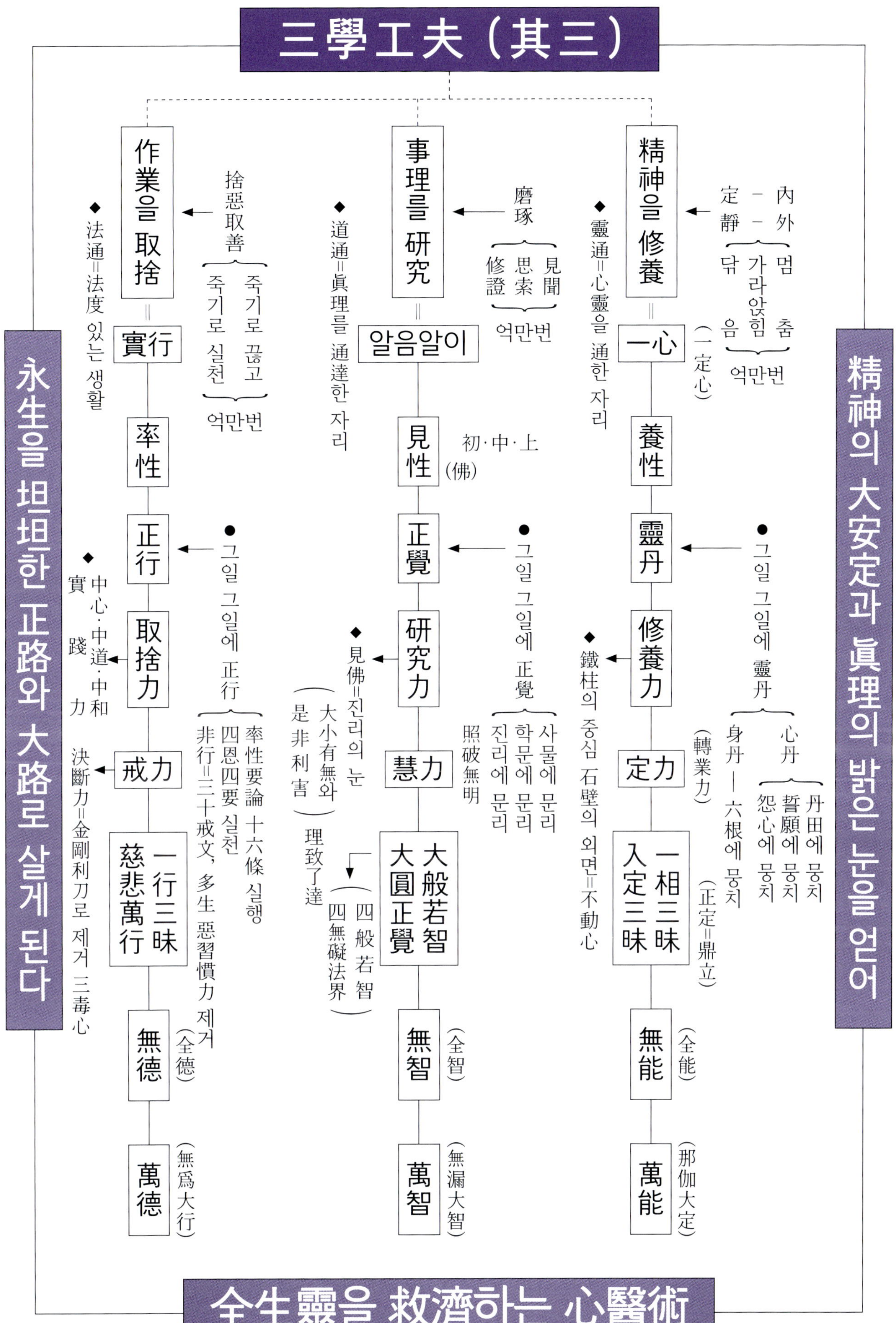
三學工夫(其三)
精神을 修養
事理를 硏究
作業을 取捨
內 - 外
定 - 靜
멈춤
가라앉힘
닦음
억만번
磨琢
見聞
思索
修證
억만번
捨惡取善
죽기로 끊고
죽기로 실천
억만번
◆靈通=心靈을 通한 자리
◆道通=眞理를 通達한 자리
◆法通=法度 있는 생활
一心
(一定心)
알음알이
實行
養性
見性
(佛)
初·中·上
率性
靈丹
正覺
正行
●그일 그일에 靈丹
●그일 그일에 正覺
●그일 그일에 正行
修養力
硏究力
取捨力
◆鐵柱의 중심 石壁의 외면=不動心
◆見佛=진리의 눈
◆中心·中道·中和
實踐力
心丹
丹田에 뭉치
誓願에 뭉치
怨心에 뭉치
身丹 ― 六根에 뭉치
(轉業力)
사물에 문리
학문에 문리
진리에 문리
照破無明
大小有無와
是非利害
率性要論 十六條 실행
四恩四要 실천
非行=三十戒文, 多生 惡習慣力 제거
定力
慧力
戒力
決斷力=金剛利刀로 제거 三毒心
(正定=鼎立)
理致了達
一相三昧
入定三昧
大般若智
大圓正覺
一行三昧
慈悲萬行
四般若智
四無礙法界
無能
(全能)
無智
(全智)
無德
(全德)
萬能
(那伽大定)
萬智
(無漏大智)
萬德
(無爲大行)
精神의 大安定과 眞理의 밝은 눈을 얻어
永生을 坦坦한 正路와 大路로 살게 된다
全生靈을 救濟하는 心醫術

三學工夫 (其四)
定期訓練
常時訓練
一. 精神修養 = 養性 = 靈丹을 많이 모아야
性稟=精神=마음=뜻 (七情)= 喜, 怒, 哀, 樂, 愛, 惡, 欲,
(祖) (父) (子) (孫)
修養 1. 닦고 (때 묻은 마음을) 2. 가라앉히고(들뜬 마음을) 3. 때우고(새나가는 마음을) 4. 모은다(흐트러진 마음을) 백천만 무량번
定 = 禪定三昧 (正定) 一. 염불 一. 좌선(立禪, 行禪, 臥禪) 一. 심고 一. 기도 一. 주송
一. 大修養力 二. 大龍象定
※ 우리 모든 인류가 정신을 수양하는데 치중해야 되나니 수양이란 육신에 밥을 먹이듯이 정신에 밥을 먹이는 것과 같은 것이다.
一. 五慾에 不動하고 二. 生死를 解脫하고 三. 動靜에 一如한 경지
大定靜 (淸淨法身佛)
※ 三學竝進하는 法
一. 자성을 알아야 大定力을 길러내고 자유자재하는 大解脫行이 나올 것이다(慧).
二. 늘 마음을 멈추는 공부를 많이 하면 할수록 靈丹이 커나서 생사를 자유할 수 있는 定力이 생길 것이다(定).
三. 평소에 실행공부를 잘해 놓아야 定力을 쌓는데 魔障이 없을 것이다(戒).
二. 事理研究 = 見性 = 知覺이 크게 열려야
人間의 是非利害, 天造의 大小有無
研究 1. 묻고 (서로 의견교환) 2. 배우고 (가 르 치 고) 3. 생각하고(많이 궁굴리고) 4. 修證한다(頓 悟 漸 悟) 백천만 무량번
慧 = 慧頭研磨 (話頭) 一. 경전 一. 강연 一. 회화 一. 의두 一. 성리 一. 정기일기
一. 大研究力 二. 大智慧力
※ 우리가 살아나갈 때 일과 이치 사이에 살고 있으니 다단한 모든 일의 시비이해와 이치의 크고 작고 있고 없는 진리를 깨달아 알자는 것이다.
一. 虛靈이 솟고 二. 知覺이 열리고 三. 神明이 통한 경지
大正覺 (圓滿報身佛)
一. 큰 一心(정신통일)이 되어야 대각을 빨리 이룰 것이다(定).
二. 대각의 열쇠인 의두를 연마하여야 큰 지혜가 솟을 것이다(慧).
三. 큰 실천의 공을 쌓은 후에야 대각을 이룰 것이다(戒).
三. 作業取捨 = 率性 = 實踐을 많이 쌓아야
三十戒文, 率性要論十六條
取捨 1. 참고 견디고 2. 끊고 고치고 3. 하나하나 실천하고(頓悟漸修) 4. 계속해서 노력한다(精 誠) 백천만 무량번
戒 = 持戒禁慾 (心戒, 心師, 心友) 一. 상시일기 一. 주 의 一. 조 행
一. 大取捨力 二. 大勇斷力
※ 우리 모두가 심신을 작용하여 나갈 때 옳고, 그르고, 利롭고, 害되는 일 가운데 할 것과 안 할 것을 구별해서 취사하는 공부를 하자는 것이다.
一. 中心을 잡고 二. 中道를 알아서 三. 中和를 이룬 경지
大德化 (百億化身佛)
一. 큰 수양의 힘을 얻어야 용맹있게 취사할 것이다(定).
二. 옳은 일을 하고 그른 일을 아니하는 공부를 많이 하여야 마음을 마음대로 하는 如意寶珠를 빨리 얻을 것이다(戒).
三. 대각(正覺)을 하여야 천지 같은 無念行과 圓滿行이 나올 것이다(慧).
※ 대종사님께서 삼학편수함을 특히 금하셨으니 우리는 三大力 중에서 모자라는 점을 스스로 살펴보기도 하고 동지들의 의견도 들어서 삼학을 병진하여 원만한 수행을 해야 할 것이다.
大人格完成

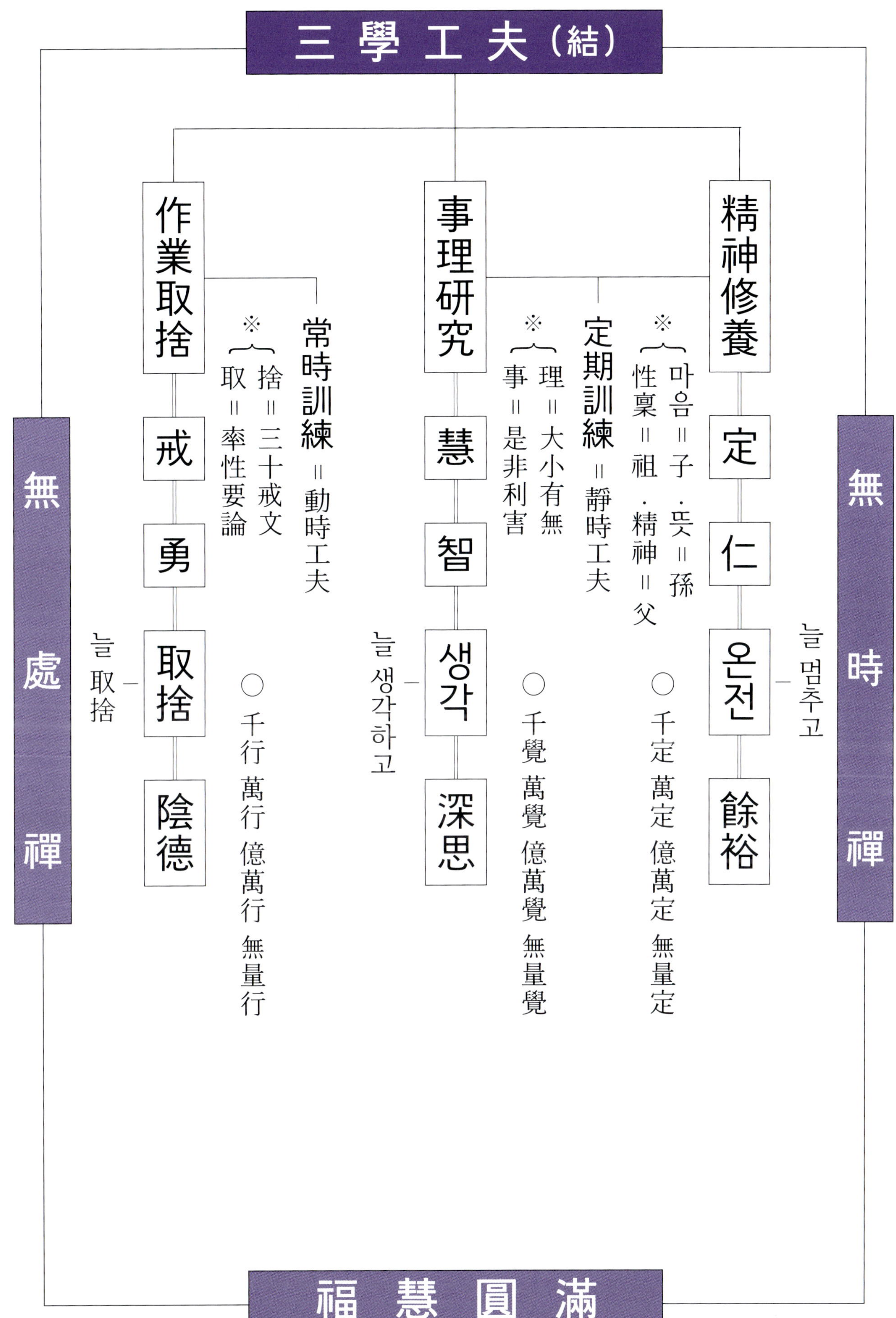

三學工夫(結)
精神修養
事理硏究
作業取捨
定
仁
온전
餘裕
늘 멈추고
慧
智
생각
深思
늘 생각하고
戒
勇
取捨
陰德
늘 取捨
定期訓練 = 靜時工夫
常時訓練 = 動時工夫
※ 마음 = 子 · 뜻 = 孫
性稟 = 祖 · 精神 = 父
※ 理 = 大小有無
事 = 是非利害
※ 捨 = 三十戒文
取 = 率性要論
○ 千定 萬定 億萬定 無量定
○ 千覺 萬覺 億萬覺 無量覺
○ 千行 萬行 億萬行 無量行
無處禪
無時禪
福慧圓滿

八條
捨捐四條
進行四條
愚
懶
貪慾
不信
誠
疑
忿
信
진리를 모르고 自行自止하는 것
모든 일을 뒤로 미루고 하기 싫어하는 것
모든 일에 상도를 벗어나 과히 취하는 것
정당한 일을 믿지 아니하여 결정을 얻지 못하는 것
愚誠 = 그른 일에 역리로 바치는 정성
正誠 = 정당한 일에 바치는 한결같은 정성
邪疑 = 정당한 일을 믿지 아니하고 저울질 하는 것
正疑 = 事理間에 바른 의심을 일으키는 것
客忿 = 철없이 날뛰는 血氣의 勇
正忿 = 정당한 법으로 용맹정진하는 마음
迷信 = 진리에 어긋나게 믿는 것
正信 = 진리를 바르게 믿는 것 (正法正師)
自力信
他力信
竝進
全信全受
全奪全與
愚는 진리에 어두운 마음의 소경
懶는 살고도 죽은 송장
貪慾은 모든 죄악의 싹
不信은 성공의 길을 막는 장벽
大精誠
大疑團
大忿志
大信根
성공의 어머니
대각의 열쇠
촉진의 원동력
결정의 원동력
法輪常轉 永劫不休
獻心靈父 許身斯界
精進

教綱九條

無時禪 無處禪

一. 心地는 원래 요란함이 없건마는 경계를 따라 있어지나니, 그 요란함을 없게 하는 것으로써 자성의 定을 세우자.

정신을 수양하여 一心定力을 얻어서 일체 해탈을 하자는 것.

二. 심지는 원래 어리석음이 없건마는 경계를 따라 있어지나니, 그 어리석음을 없게 하는 것으로써 자성의 慧를 세우자.

사리를 연구하여 般若智가 솟아서 걸림 없이 대각하자는 것.

三. 심지는 원래 그름이 없건마는 경계를 따라 있어지나니, 그 그름을 없게 하는 것으로써 자성의 戒를 세우자.

작업을 취사하여 불의를 놓고 정의를 세워 事事에 中道行을 하자는 것.

四. 信과 忿과 疑와 誠으로써 不信과 貪慾과 懶와 愚를 제거하자.

신분의 성으로 정진해서 불신 탐욕 나 우를 제거하자는 것.

五. 원망 생활을 감사 생활로 돌리자.

사은의 지중한 은혜를 발견해서 보은 감사 생활을 하자는 것.

六. 타력 생활을 자력 생활로 돌리자.

자력을 양성시켜서 人權平等이 되게 하자는 것.

七. 배울 줄 모르는 사람을 잘 배우는 사람으로 돌리자.

모르는 것을 배워서 知識平等이 되게 하자는 것.

八. 가르칠 줄 모르는 사람을 잘 가르치는 사람으로 돌리자.

아는 것을 가르쳐서 教育平等이 되게 하자는 것.

九. 공익심 없는 사람을 공익심 있는 사람으로 돌리자.

공도주의를 실현해서 生活平等이 되게 하자는 것.

處處佛像 事事佛供

이상 내용 중 전생령이 구원을 받는 방법으로는 삼학팔조요, 세계평화의 근본으로는 사은에 대한 보은불공 생활이요, 온 인류가 서로 잘 사는 방법으로는 사요의 실현이다.

濟生醫世

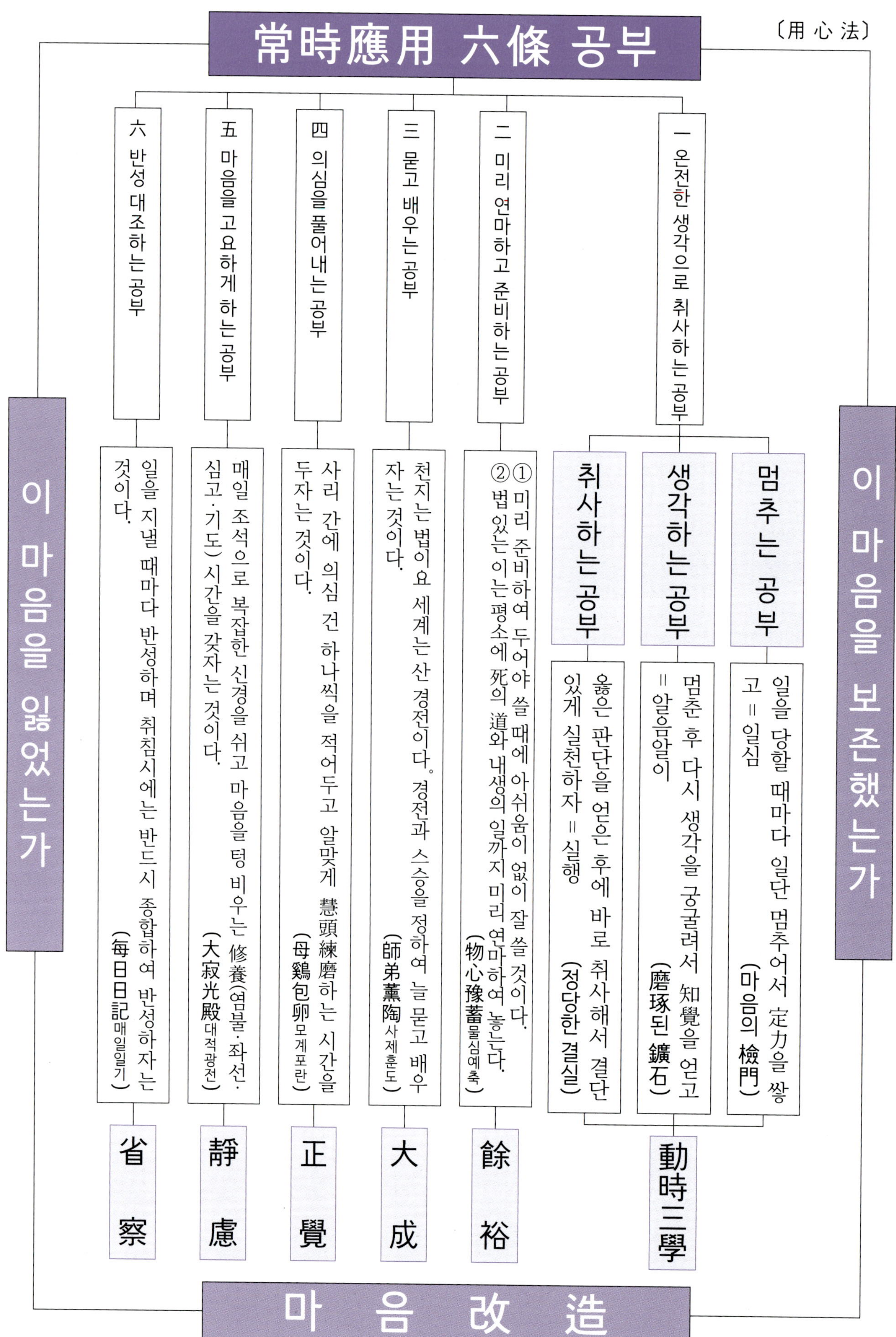
〔用心法〕
常時應用 六條 공부
이 마음을 보존했는가
이 마음을 잃었는가
一 온전한 생각으로 취사하는 공부
멈추는 공부
일을 당할 때마다 일단 멈추어서 定力을 쌓고 = 일심
(마음의 檢門)
생각하는 공부
멈춘 후 다시 생각을 궁굴려서 知覺을 얻고 = 알음알이
(磨琢된 鑛石)
취사하는 공부
옳은 판단을 얻은 후에 바로 취사해서 결단 있게 실천하자 = 실행
(정당한 결실)
動時三學
二 미리 연마하고 준비하는 공부
① 미리 준비하여 두어야 쓸 때에 아쉬움이 없이 잘 쓸 것이다.
② 법있는 이는 평소에 死의 道와 내생의 일까지 미리 연마하여 놓는다.
(物心豫蓄 물심예축)
餘裕
三 묻고 배우는 공부
천지는 법이요 세계는 산 경전이다。 경전과 스승을 정하여 늘 묻고 배우자는 것이다.
(師弟薰陶 사제훈도)
大成
四 의심을 풀어내는 공부
사리 간에 의심 건 하나씩을 적어두고 알맞게 慧頭練磨하는 시간을 두자는 것이다.
(母鷄包卵 모계포란)
正覺
五 마음을 고요하게 하는 공부
매일 조석으로 복잡한 신경을 쉬고 마음을 텅 비우는 修養(염불·좌선·심고·기도) 시간을 갖자는 것이다.
(大寂光殿 대적광전)
靜慮
六 반성 대조하는 공부
일을 지낼 때마다 반성하며 취침시에는 반드시 종합하여 반성하자는 것이다.
(每日日記 매일일기)
省察
마음 改造

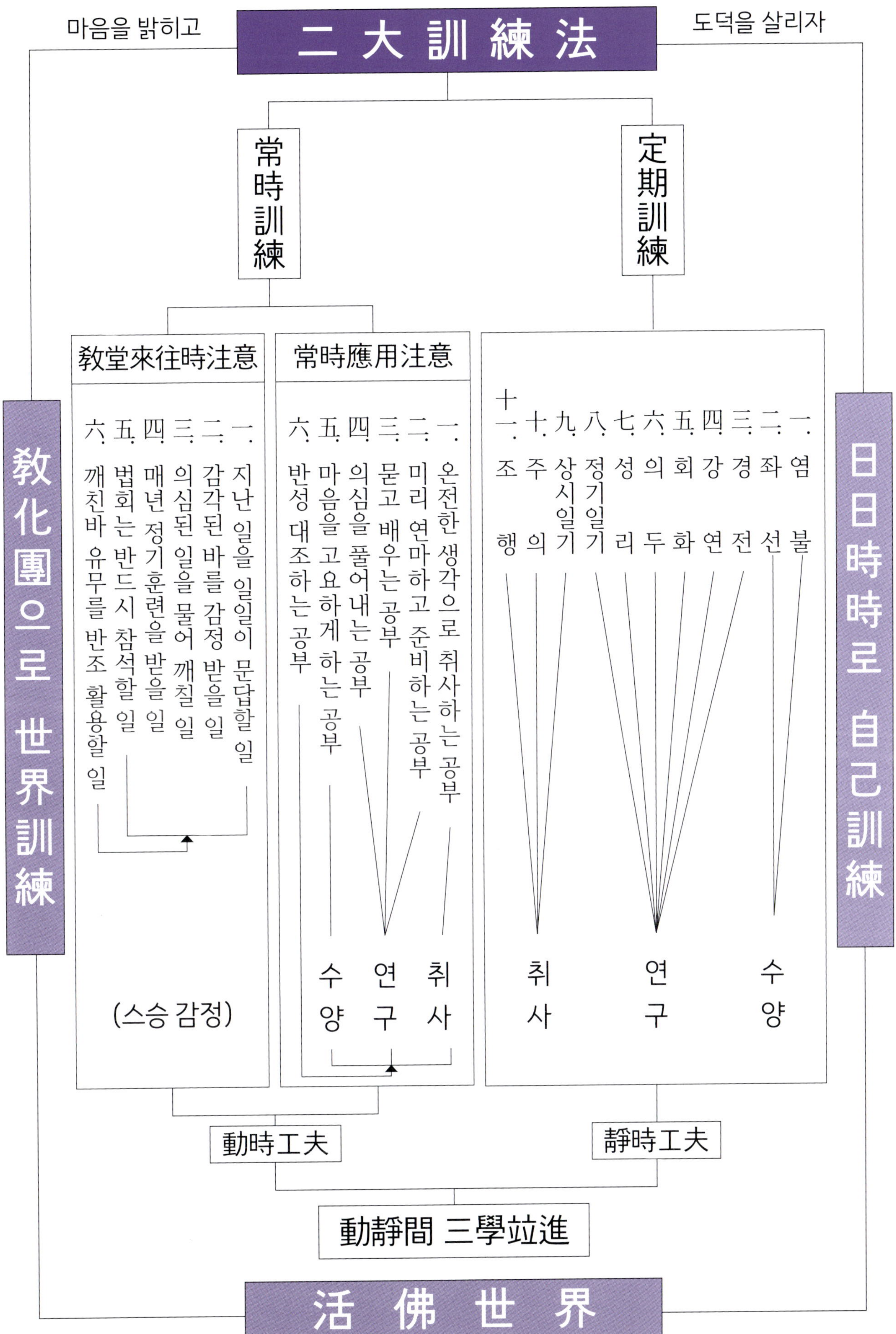
마음을 밝히고
二大訓練法
도덕을 살리자
常時訓練
定期訓練
教堂來往時注意
一. 지난 일을 일일이 문답할 일
二. 감각된 바를 감정 받을 일
三. 의심된 일을 물어 깨칠 일
四. 매년 정기훈련을 받을 일
五. 법회는 반드시 참석할 일
六. 깨친바 유무를 반조 활용할 일
(스승 감정)
常時應用注意
一. 온전한 생각으로 취사하는 공부
二. 미리 연마하고 준비하는 공부
三. 묻고 배우는 공부
四. 의심을 풀어내는 공부
五. 마음을 고요하게 하는 공부
六. 반성 대조하는 공부
취사
연구
수양
一. 염불
二. 좌선
三. 경전
四. 강연
五. 회화
六. 의두
七. 성리
八. 정기일기
九. 상시일기
十. 주의
十一. 조행
취사
연구
수양
教化團으로 世界訓練
日日時時로 自己訓練
動時工夫
靜時工夫
動靜間 三學竝進
活佛世界

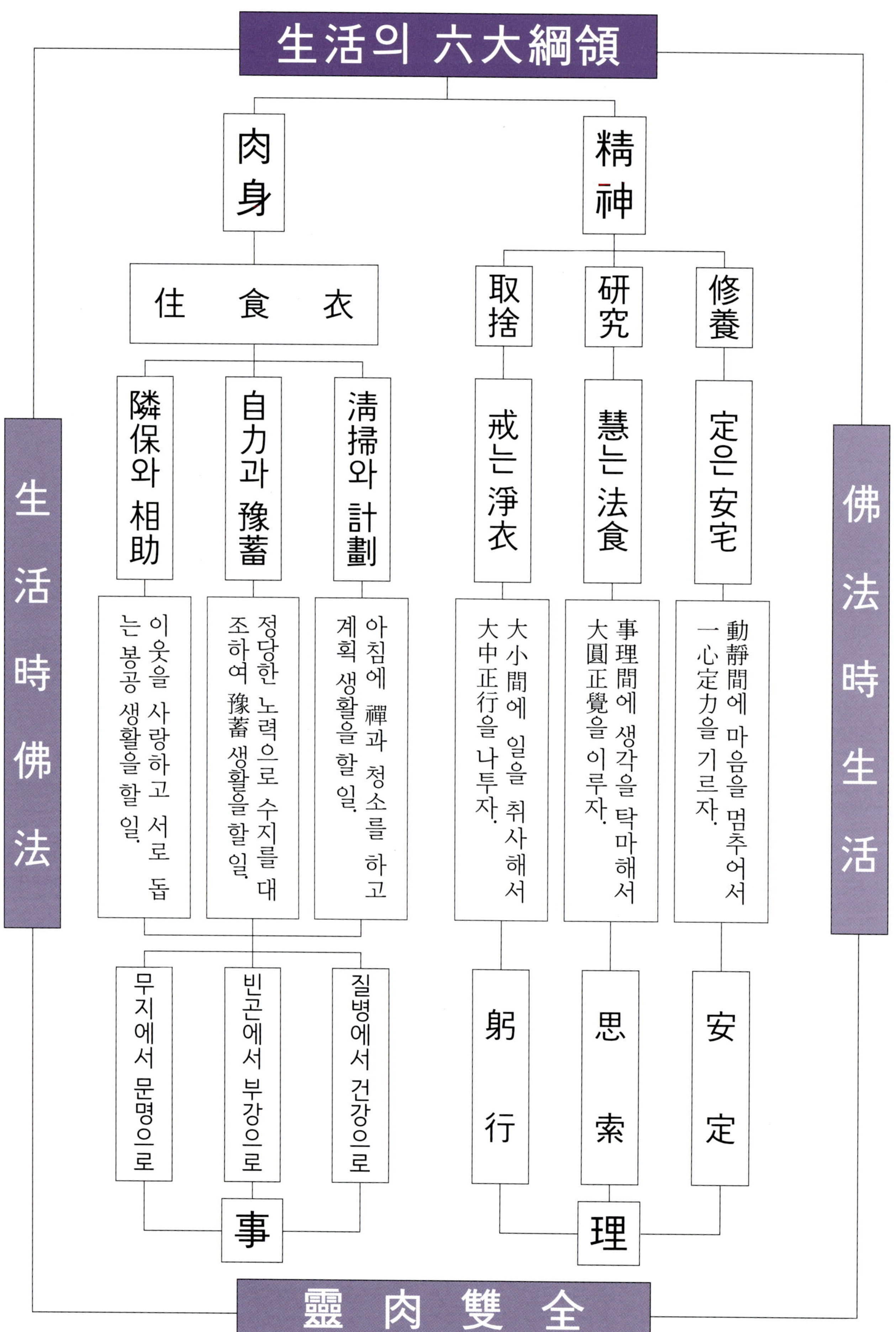
生活의 六大綱領
肉身
精神
住 食 衣
取捨
研究
修養
隣保와 相助
自力과 豫蓄
淸掃와 計劃
戒는 淨衣
慧는 法食
定은 安宅
이웃을 사랑하고 서로 돕는 봉공 생활을 할 일.
정당한 노력으로 수지를 대조하여 豫蓄 생활을 할 일.
아침에 禪과 청소를 하고 계획 생활을 할 일.
大小間에 일을 취사해서 大中正行을 나투자.
事理間에 생각을 탁마해서 大圓正覺을 이루자.
動靜間에 마음을 멈추어서 一心定力을 기르자.
무지에서 문명으로
빈곤에서 부강으로
질병에서 건강으로
躬行
思索
安定
事
理
生活時佛法
佛法時生活
靈肉雙全

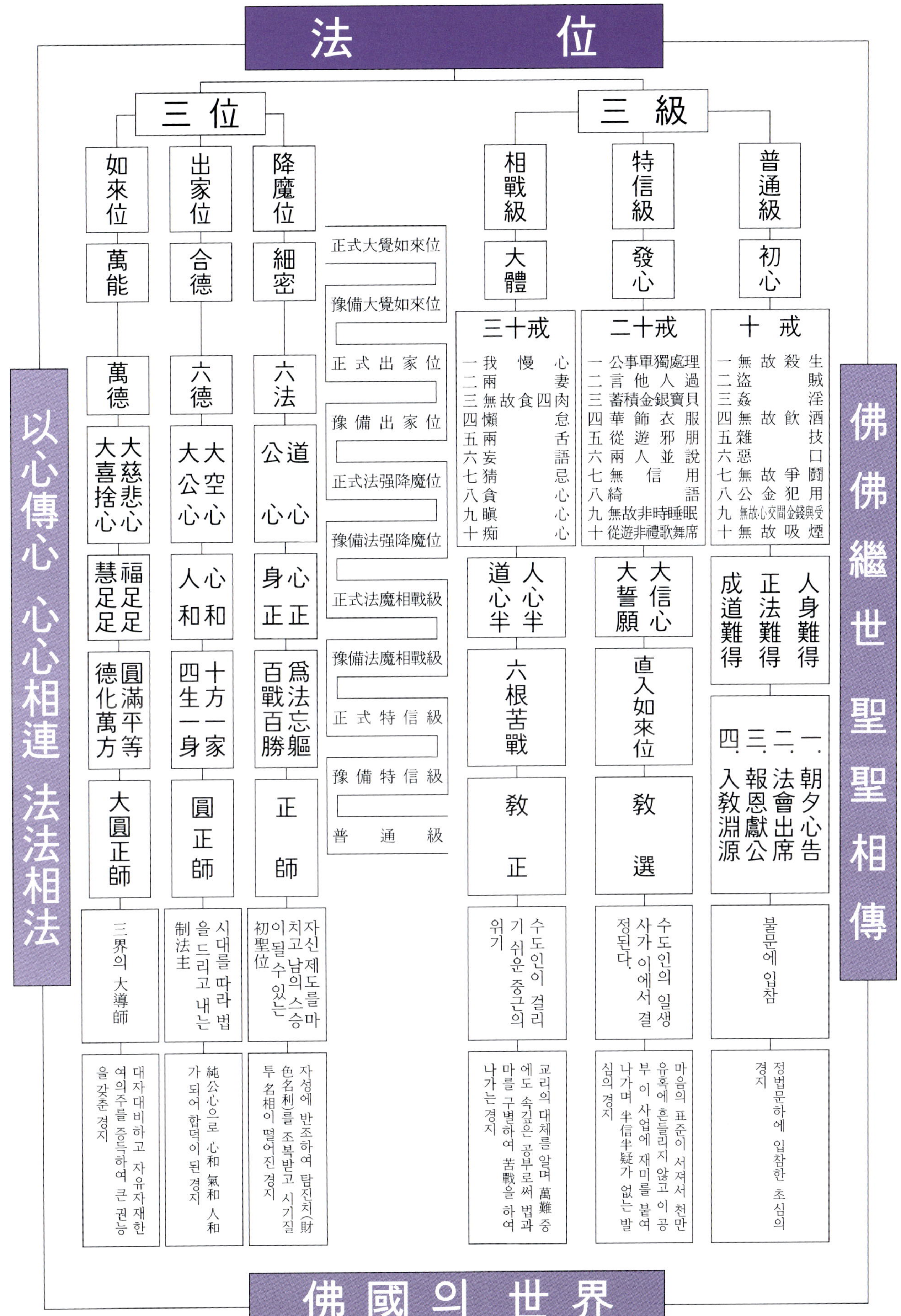
法位
三位
三級
如來位
出家位
降魔位
萬能
合德
細密
萬德
六德
六法
大慈悲心 大喜捨心
大空心 大公心
道心 公心
福足 慧足
心和 人和
心正 身正
圓滿平等 德化萬方
十方一家 四生一身
爲法忘軀 百戰百勝
大圓正師
圓正師
正師
三界의 大導師
시대를 따라 법을 드리고 내는 制法主
자신 제도를 마치고 남의 스승이 될 수 있는 初聖位
대자대비하고 자유자재한 여의주를 증득하여 큰 권능을 갖춘 경지
純公心으로 心和 氣和 人和가 되어 합덕이 된 경지
자성에 반조하여 탐진치(財色名利)를 조복받고 시기질투 名相이 떨어진 경지
正式大覺如來位
豫備大覺如來位
正式出家位
豫備出家位
正式法强降魔位
豫備法强降魔位
正式法魔相戰級
豫備法魔相戰級
正式特信級
豫備特信級
普通級
相戰級
特信級
普通級
大體
發心
初心
三十戒
一 我慢心
二 兩妻
三 無故食四肉
四 懶怠
五 兩舌
六 妄語
七 猜忌心
八 貪心
九 瞋心
十 痴心
二十戒
一 公事單獨處理
二 言他人過
三 蓄積金銀寶貝
四 華飾衣服
五 從遊邪朋
六 兩人並說
七 無信用
八 綺語
九 無故非時睡眠
十 從遊非禮歌舞席
十戒
一 無故殺生
二 盜賊
三 姦淫
四 無故飮酒
五 雜技
六 惡口
七 無故爭鬪
八 公金犯用
九 無故心交間金錢與受
十 無故吸煙
人心半 道心半
大信心 大誓願
人身難得 正法難得 成道難得
六根苦戰
直入如來位
一. 朝夕心告
二. 法會出席
三. 報恩獻公
四. 入教淵源
教正
教選
수도인이 걸리기 쉬운 중근의 위기
수도인의 일생사가 이에서 결정된다.
불문에 입참
교리의 대체를 알며 萬難중에도 속깊은 공부로써 법과 마를 구별하여 苦戰을 하여 나가는 경지
마음의 표준이 서져서 천만 유혹에 흔들리지 않고 이 공부 이 사업에 재미를 붙여 나가며 半信半疑가 없는 발심의 경지
정법문하에 입참한 초심의 경지
以心傳心 心心相連 法法相法
佛佛繼世 聖聖相傳
佛國의 世界

〔自我反省〕

身分檢査

年度

不當等級

種別	減點
無故殺生	
盜賊	
姦淫	
無故飮酒	
雜技	
惡口	
無故爭鬪	
公金犯用	
無故心交間金錢與受	
無故吸煙	
公事單獨處理	
言他人過	
蓄積金銀寶貝	
華飾衣服	
從遊邪朋	
兩人並說	
無信用	
綺語	
無故非時睡眠	
從遊非禮歌舞席	
我慢心	
兩妻	
無故食四肉	
懶怠	
兩舌	
妄語	
猜忌	
貪心	
瞋心	
癡心	
虛僞	
偏心	
我相	
計 (各 10點) 330	

收支對照

種別		
惠受	本年分	
	繰越 合計	
惠施	本年分	
	繰越 合計	
收入	本年分	
支出	本年分	
貸付	現在	
借用	現在	
總計	借	貸

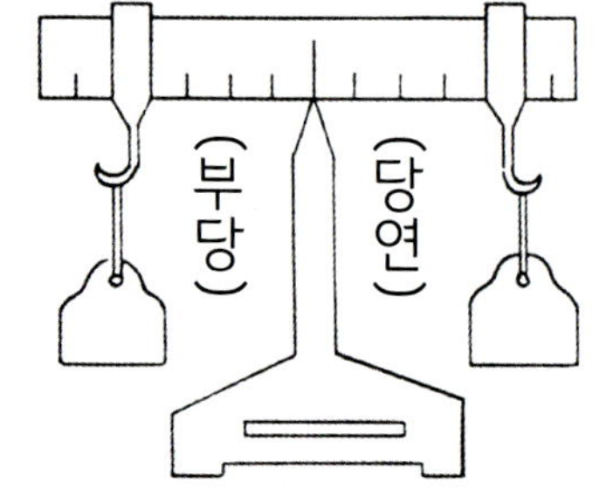

當然等級

種別	內譯		點
信心	眞理	5	
	스승	5	
	法	5	
	會上	5	
誓願	個人	5	
	家庭	10	
	國家	15	
	世界	20	
公心	部分	10	
	全體	10	
謙讓	內謙	10	
	外謙	10	
統制	上奉	10	
	下率	10	
無相	無猜忌嫉妬	10	
	無名相	10	
忍耐	一時的	10	
	永久的	10	
信義	小事	10	
	大事	10	
專一	動時	10	
	靜時	10	
智慧	事明	10	
	理明(性理)	10	
淸廉	淸淨(戒文)	10	
	廉恥(物質)	10	
學問	科學	10	
	道學	10	
技能	農	10	
	工	10	
	商	10	
孝誠	生家	10	
	道家	10	
眞實	內眞(마음)	10	
	外實(言行)	10	
隱惡揚善	隱惡	10	
	揚善	10	
心事決斷	小事	10	
	大事	10	
周密	小事	10	
	大事	10	
隨時變易	小事	10	
	大事	10	
布施	物質	10	
	心身	10	
活動	力量	10	
	誠意	10	
慈悲	外慈(勸善)	10	
	內悲(容恕)	10	
圓滿	外無遠近親疏	10	
	內三大力工夫竝進	10	
計(各 20點) 470			

매일 수지대조로써 새 생활을 개척하자

자기신분검사의 자각생활로 영생을 개척하고

氣質變化

圖解法門

附一

三同倫理

世界平和의 三大要素

大宗師의 十相

佛陀의 八相과 우리의 修行

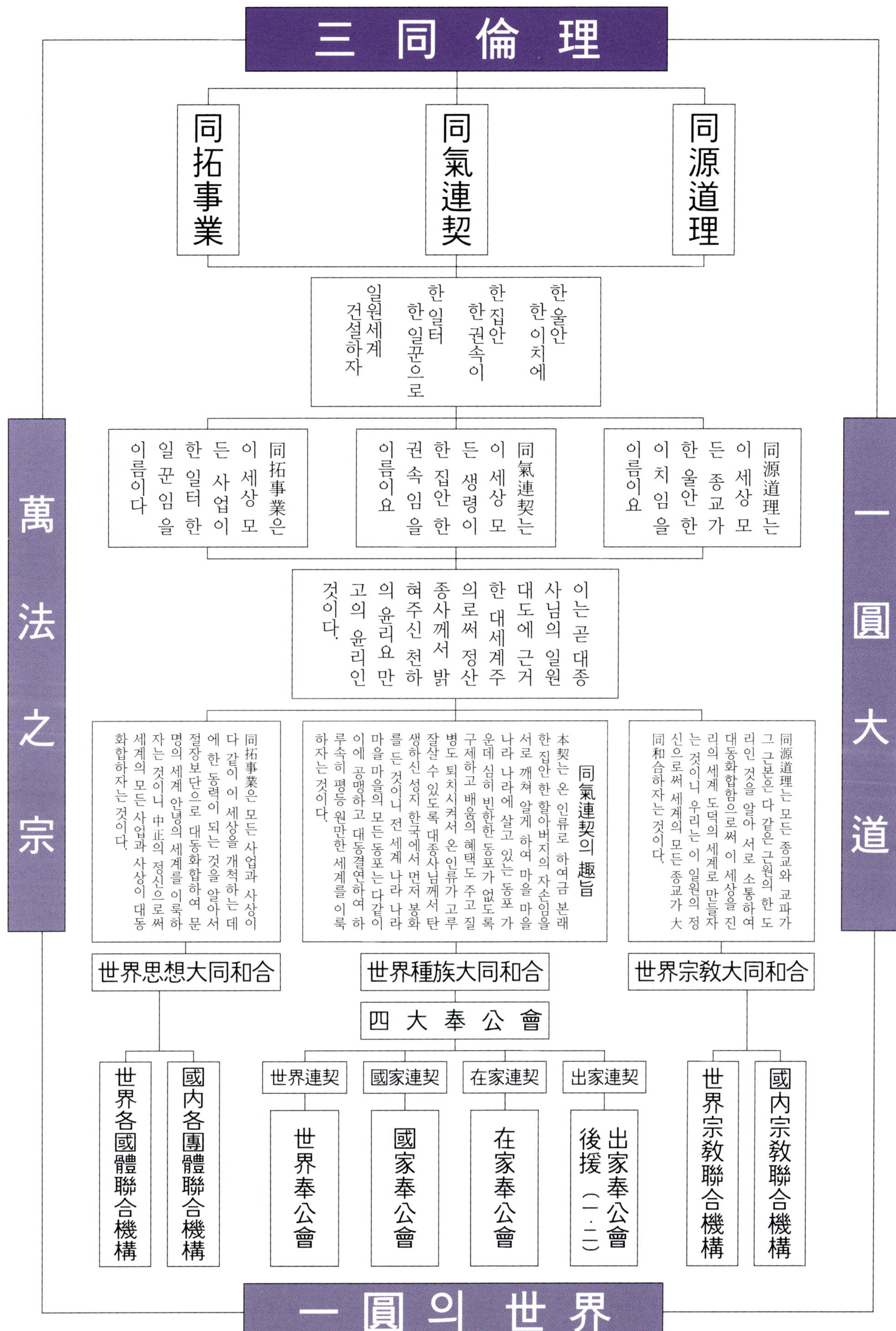

三同倫理
同拓事業
同氣連契
同源道理
한울안 한이치에
한집안 한권속이
한일터 한일꾼으로
일원세계 건설하자
同拓事業은 이 세상 모든 사업이 한 일터 한 일꾼임을 이름이다
同氣連契는 이 세상 모든 생령이 한 집안 한 권속임을 이름이요
同源道理는 이 세상 모든 종교가 한 울안 한 이치임을 이름이요
이는 곧 대종사님의 일원대도에 근거한 대세계주의로써 정산종사께서 밝혀주신 천하의 윤리요 만고의 윤리인 것이다.
萬法之宗
一圓大道
同拓事業은 모든 사업과 사상이 다 같이 이 세상을 개척하는데에 한 동력이 되는 것을 알아서 절장보단으로 대동화합하여 문명의 세계 안녕의 세계를 이룩하자는 것이니 中正의 정신으로써 세계의 모든 사업과 사상이 대동화합하자는 것이다.
同氣連契의 趣旨
本契는 온 인류로 하여금 본래 한 집안 한 할아버지의 자손임을 서로 깨쳐 알게 하여 마을 마을 나라 나라에 살고 있는 동포 가운데 심히 빈한한 동포가 없도록 구제하고 배움의 혜택도 주고 질병도 퇴치시켜서 온 인류가 고루 잘살 수 있도록 대종사님께서 탄생하신 성지 한국에서 먼저 봉화를 든 것이니 전 세계 나라 나라 마을 마을의 모든 동포는 다 같이 이에 공맹하고 대동결연하여 하루속히 평등 원만한 세계를 이룩하자는 것이다.
同源道理는 모든 종교와 교파가 그 근본은 다 같은 근원의 한 도리인 것을 알아 서로 소통하여 대동화합함으로써 이 세상을 진리의 세계 도덕의 세계로 만들자는 것이니 우리는 이 일원의 정신으로써 세계의 모든 종교가 大同和合하자는 것이다.
世界思想大同和合
世界種族大同和合
世界宗敎大同和合
四大奉公會
世界各國體聯合機構
國內各團體聯合機構
世界連契
國家連契
在家連契
出家連契
世界奉公會
國家奉公會
在家奉公會
出家奉公會
後援(一·二)
世界宗敎聯合機構
國內宗敎聯合機構
一圓의 世界

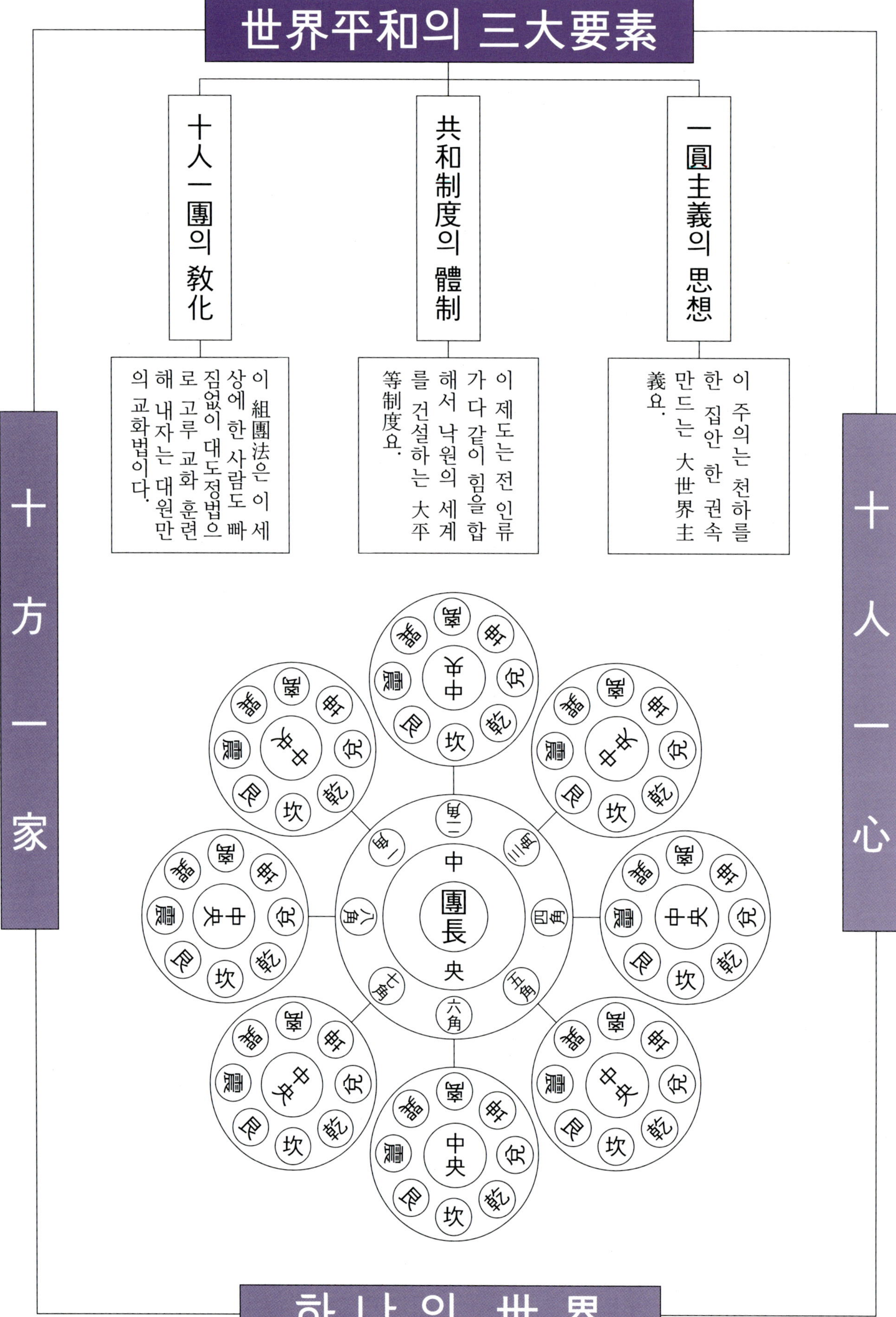

世界平和의 三大要素
十人一團의 敎化
共和制度의 體制
一圓主義의 思想
이 組團法은 이 세상에 한 사람도 빠짐없이 대도정법으로 고루 교화 훈련해 내자는 대원만의 교화법이다.
이 제도는 전 인류가 다 같이 힘을 합해서 낙원의 세계를 건설하는 大平等制度요.
이 주의는 천하를 한 집안 한 권속 만드는 大世界主義요.
十方一家
十人一心
中央
團長
一角
二角
三角
四角
五角
六角
七角
八角
乾
坎
艮
震
巽
離
坤
兌
하나의 世界

大宗師의 十相

一. 觀天起疑相

대종사께서는 원기 전 25년(辛卯) 5월 5일에 한국 전라남도 영광군 백수읍 길룡리 영촌에서 농촌 평민의 가정에 태어나신바 유시로 부터 큰 생각을 품으시고 자라시다가 7세부터는 하늘 이치를 비롯해서 모든 인간사에 미치기까지 의심이 나시어 사색에 전념하시기를 4년간이나 계속하셨으니 이것이 후일에 큰 도를 깨달으실 근본이 되셨다.

二. 蔘嶺祈願相

11세 때 문중 시향제에 참석하신 후부터는 산신을 만나서 의심을 해결하리라는 희망으로 멀고도 험한 삼밭재 마당바위를 5년간이나 다니시며 일천정성으로 기도를 계속하셨으니 이때 비록 산신은 만나지 못하였으나 이 지극한 원력이 뭉쳐져서 자연 마음 통일하는데 큰 도움이 되셨다.

三. 求師苦行相

16세 때 어느 소설에서 도사를 만나 성공한 이야기를 들으신 후부터는 그간의 모든 의심을 풀어주고 인생의 정로를 가르쳐 줄 참 스승을 찾기 위하여 6년 동안 갖은 고행을 다하셨으나 때는 말세인지라 뜻을 이루지 못하셨다. 그러나 그때의 그 간절한 정성이 어리고 어리어서 후일에 스스로 스승이 되신 것이다.

四. 江邊入定相

산신과 도사를 만나서 원을 이루려는 희망마저 잃게 되시자 22세부터는 내 이일을 어찌 할꼬 하는 큰 걱정만 날로 계속되면서 때로는 우연히 솟아오르는 주송도 외우시고 동상처럼 명상에 잠기기도 하시다가 24, 5세부터는 그 걱정까지도 다 잊으시고 대정에 드신바 이가 바로 대각의 열쇠가 되신 것이다.

五. 獐項大覺相

구원겁래에 세우신 큰 서원과 큰 적공으로 정에 들어 계시다가 26세 되시던 해(丙辰) 4월 28일 새벽에 동천의 서광을 보시고 문득 마음이 밝아지시며 그동안의 모든 의심이 다 풀리고 마침내는 우주의 대도와 인생의 정로를 밝게 깨치시니 이로부터 어두웠던 佛日이 거듭 밝혀졌으며 쉬어있던 법륜은 다시 굴려졌다.

六. 靈山防堰相

대각을 이루신 후에는 모든 동포들의 어두운 마음을 밝혀주기 위하여 회상을 열려하심에 먼저 오는 세상에 맞추어서 영육쌍전과 이사병행의 표본을 보이시려고 저축조합을 설치하시는 일방 원기 3년 4월부터는 9인제자와 함께 방언공사를 시작하시어 이듬해 3월에 준공을 보시니 이것이 대도창업의 기초가 되었다.

七. 血印法認相

원기 4년에는 천하 사람을 대도에 회향케 하기 위하사 먼저 아홉 제자의 마음을 통일시켜서 공도정신을 살리시려고 기도서원을 올리게 하신바 사없는 혈인으로써 대회상 창립의 법계인가를 얻으셨으니 이 사무여한의 희생정신으로 전무출신의 산 표본을 삼게 하셨다.

八. 蓬萊制法相

원기 5년부터 4년간 변산 봉래정사에서 수양을 하시는 한편 만법의 주종이 되는 일원종지를 드러내시어 공부의 요도인 삼학팔조의 원만한 수행 길과 인생의 요도인 사은사요의 대윤리를 제정하시므로써 교리의 강령을 세우고 지나간 모든 교법을 통합 활용하게 하시었다.

九. 新龍轉法相

원기 9년(甲子)부터는 불법과 생활이 둘이 아닌 산 종교를 실현하기 위하여 총부를 익산에 정하시고 교화 교육 자선의 각 기관을 설치하여 사농공상 간 때와 곳을 가리지 않고 선을 하게 하시며 일체처 일체불에게 불공을 함으로써 복혜를 아울러 갖추게 하사 종교를 대중의 것, 실용의 것, 시대의 것으로 살려 놓으셨다.

十. 癸未涅槃相

큰 생애를 대중과 함께 고락을 같이 하시며 교화에 전심전력하시다가 열반에 드시기 3년 전에는 게송을 영포하시고 정전을 친제 편수하시며 제자들에게 간절히 부촉하시기를 나의 교법은 원만구족 지공무사한 법신불을 종지로 하여 신앙과 수행을 병행하도록 하고 공부와 생활을 아울러 닦도록 하였으며 법을 전하는 데도 재가 출가 남녀 대중에게 두루 전하였나니 제군은 각자의 근기를 키우고 이 법을 가져다 마음대로 활용하라 하시더니 원기 28년 6월 1일 대원적에 드셨다.

佛陀의 八相과 우리의 修行

一. 兜率來儀相

二. 毘藍降生相

三. 四門遊觀相

四. 踰城出家相

五. 雪山修道相

六. 樹下降魔相

七. 鹿苑轉法相

八. 雙林涅槃相

一. 중생들은 다생업력에 끌려서 출생입사하지만 불타께서는 도솔천 내원궁의 一位護明菩薩로 계시다가 마음대로 來去하셨으니 우리도 우리 마음대로 육도세계를 내거하도록 마음의 자유를 얻는 공부를 할 것이요.

二. 전 국민과 인천대중의 갈망하고 환영하는 속에 인간의 최상최존의 부귀 겸전하신 일국의 태자로 탄생하시었으니, 우리도 우리의 노력하는 바가 대중을 위하여 노력해서 대중의 진실된 환영 속에서 오고가도록 할 것이요.

三. 사문을 구경하시다가 노·병·사의 일체 인간고와 수도인의 일체 해탈상을 보시어 인간무상을 더욱 느끼시고 구도의 의심을 일으키어 때로 명상에 잠기셨으니 우리도 대각의 열쇠인 의심을 일어 낼 줄 아는 공부를 할 것이요.

四. 재색 명예의 욕성을 넘기 위하여 왕실의 태자위와 처자를 헌신같이 버리고 거연히 출가를 하셨으니 우리도 家中에 있거나 출가를 했거나 우리를 싸고 있는 욕성을 뛰어넘는 공부를 할 것이요.

五. 수도하실 때 가지가지의 순역 설산이 있었으니, 우리도 우리 수도하는 경로에 무서운 설산이 있음을 각오하고 설산을 녹여 버리는 공부를 할 것이요.

六. 보리수하에서 마군을 쳐부수고 항마를 하셨으니, 우리는 바로 육신수하에 팔만사천 마군을 때려 부셔서 항복 받는 공부를 할 것이요.

七. 교진여 등 5인에게 법을 전하시기 전에 당신 몸부터 법륜을 굴리셨으니, 우리도 우리 몸부터 佛日을 밝히고 법륜을 굴리는 공부를 할 것이요.

八. 평소부터 언어도단하고 心行處가 멸한 圓寂無別의 자성 본원에 안주하는 선공부를 하시어 최후 열반에 드신 것이니 우리도 평상시부터 원적무별한 정공부를 하여 마음에 얽매인 것이 없는 해탈의 열반에 드는 공부를 하자는 것이다.

人間이신 佛陀

불타께서는 우리와 같은 인간이신데 구도하기 위하여 설산에서 6년간 명상에 잠기셨다가 깨어나시고 갖은 고행을 겪으신 나머지 아래의 다섯 가지 能力을 얻으셨으며 생멸 없는 진리와 인과 있는 진리를 여실히 깨치셨고, 또한 인간세상의 어려운 8고와 4고를 다 해탈하였으며 만생령의 부모가 되어서 자비의 큰 사랑을 널리 베풀어 주신 인간의 높은 스승이 되신 것이다.

一. 인간이 서로 탐내고 빼앗으려는 왕실의 명예를 헌신같이 버렸으므로 남이 빼앗아가지 못하고 해하지 못할 세계의 無上聖位에 오르신 것이다.

二. 한 가정에만 사랑을 경주하지 않으시고 넓은 세상과 전 생령을 다 사랑하여 주셨으므로 남녀노소, 선악귀천이 다 같이 숭배의 사랑을 바치게 된 것이다.

三. 사람마다 제일 소중히 여기는 생명과 모든 재산을 자기의 소유로 알지 않고 세상에 다 바쳤으므로 오랜 세상에까지 제일 큰 부를 누리게 된 것이다.

四. 사람마다 자기의 안일과 향락만을 위주하나 불타께서는 당신의 정신과 육신의 모든 안일과 향락을 극복하고 대중을 위하여 노력하여 주셨으므로 많은 세상을 두고 衆人이 부처님을 위해서 노력하려는 마음이 일어나는 것이다.

五. 사람마다 가까운 친척이나 민족만을 자기의 동족으로 알지마는 불타께서는 한계를 툭 터서 시방을 일가로 하고 사생을 한 권속으로 하여 원근친소에 끌리지 아니하고 다 같이 호념하여 주셨으므로 일체생령이 다 불타의 가까운 일가친척이 된 것이다.

最初法語 敷衍法門 圖解

附二

最初法語

修身 齊家의 道

治國의 道

平天下의 道

佛法의 修身

儒敎의 修身

大人君子 進退의 道

道敎 基督敎 天道敎 甑山哲學

圓佛敎 儒佛仙 圓滿 信仰 修行

世界平和의 四大運動(其一)

世界平和의 四大運動(其二)

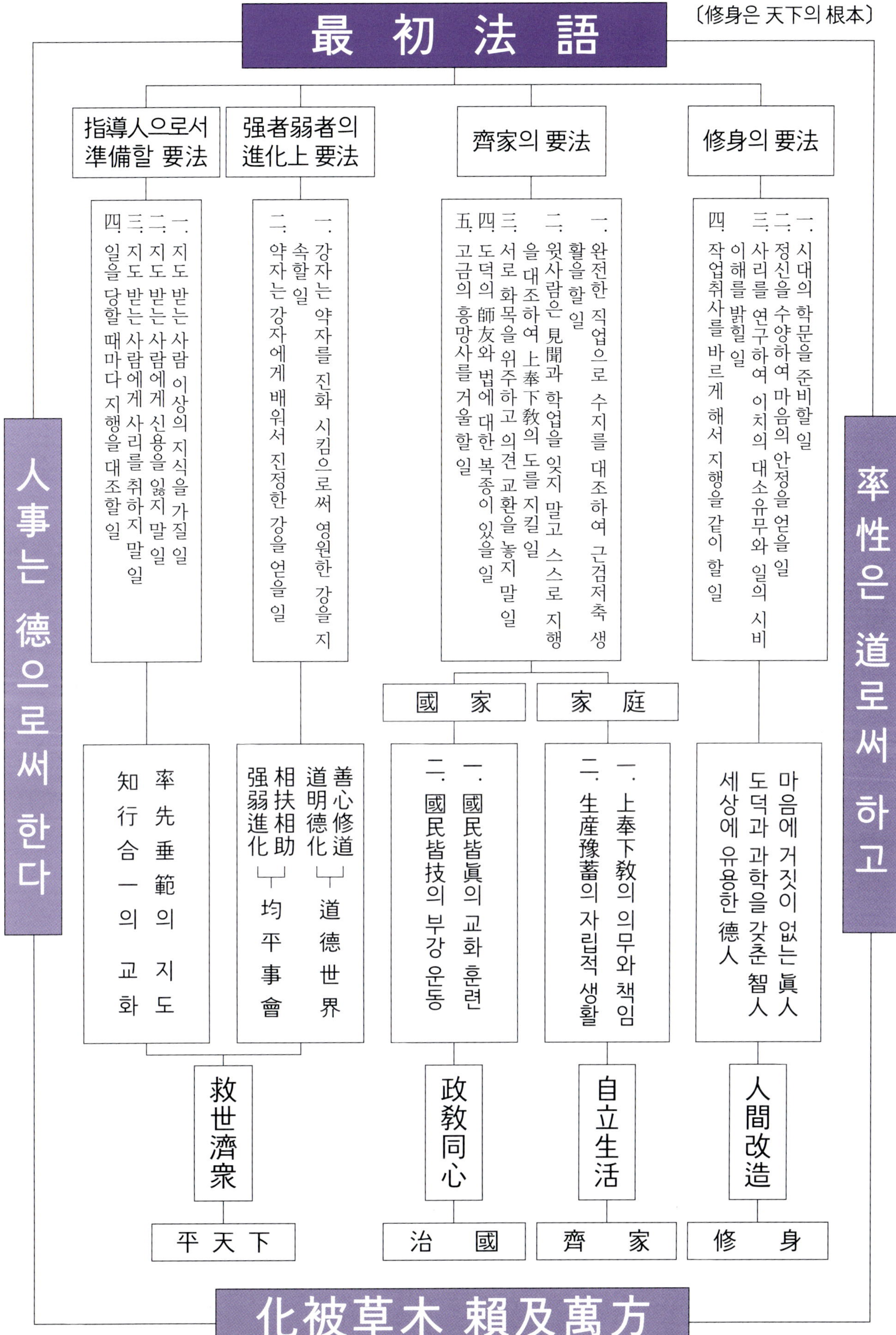

最初法語
〔修身은 天下의 根本〕
指導人으로서 準備할 要法
强者弱者의 進化上 要法
齊家의 要法
修身의 要法
一. 지도 받는 사람 이상의 지식을 가질 일
二. 지도 받는 사람에게 신용을 잃지 말 일
三. 지도 받는 사람에게 사리를 취하지 말 일
四. 일을 당할 때마다 지행을 대조할 일
一. 강자는 약자를 진화 시킴으로써 영원한 강을 지속할 일
二. 약자는 강자에게 배워서 진정한 강을 얻을 일
一. 완전한 직업으로 수지를 대조하여 근검저축 생활을 할 일
二. 윗사람은 見聞과 학업을 잊지 말고 스스로 지행을 대조하여 上奉下敎의 도를 지킬 일
三. 서로 화목을 위주하고 의견 교환을 놓지 말 일
四. 도덕의 師友와 법에 대한 복종이 있을 일
五. 고금의 흥망사를 거울 할 일
一. 시대의 학문을 준비할 일
二. 정신을 수양하여 마음의 안정을 얻을 일
三. 사리를 연구하여 이치의 대소유무와 일의 시비 이해를 밝힐 일
四. 작업취사를 바르게 해서 지행을 같이 할 일
國家
家庭
率先垂範의 지도
知行合一의 교화
善心修道
道明德化
道德世界
相扶相助
强弱進化
均平事會
一. 國民皆眞의 교화 훈련
二. 國民皆技의 부강 운동
一. 上奉下敎의 의무와 책임
二. 生産豫蓄의 자립적 생활
마음에 거짓이 없는 眞人
도덕과 과학을 갖춘 智人
세상에 유용한 德人
救世濟衆
政敎同心
自立生活
人間改造
平天下
治國
齊家
修身
人事는 德으로써 한다
率性은 道로써 하고
化被草木 賴及萬方

※ 修身은 天下의 根本

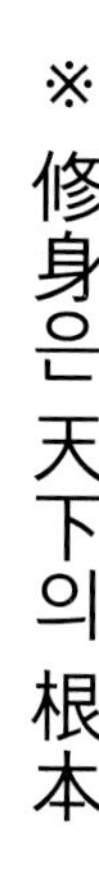

修身의 道

精神修養=餘裕=潛心=마음安定
事理研究=深思=鍊心=智慧啓發
作業取捨=陰德=正心=每事中正

恒心 恒身 恒産

人間改造

- 眞人: 無欺心, 無欺人, 無欺天
- 智人: 도학과 과학을 갖춘 智人
- 德人: 세상에 유용한 德人

자신검사로
(인격을 종합 진단하고 如來를 평떼기 하자)

最大最高理念

三學工夫의 大中和力 (中心, 中道, 中和)
四重報恩의 大感化力
四要實踐의 大均等力

情誼世界 均等世界

齊家의 道

정당한 종교의 신앙과 수행으로 영생 개척
실다운 직업으로 수지를 대조하여 생활 안정

上奉下敎의 의무와 책임

上奉: 가정 사회 국가 세계 등의 어른들을 生前 死後 奉戴

下敎: 자녀 타자녀 후진

생산 예축의 자립적 생활

生産: 정신 육신 경제

豫蓄: 정신 육신 경제

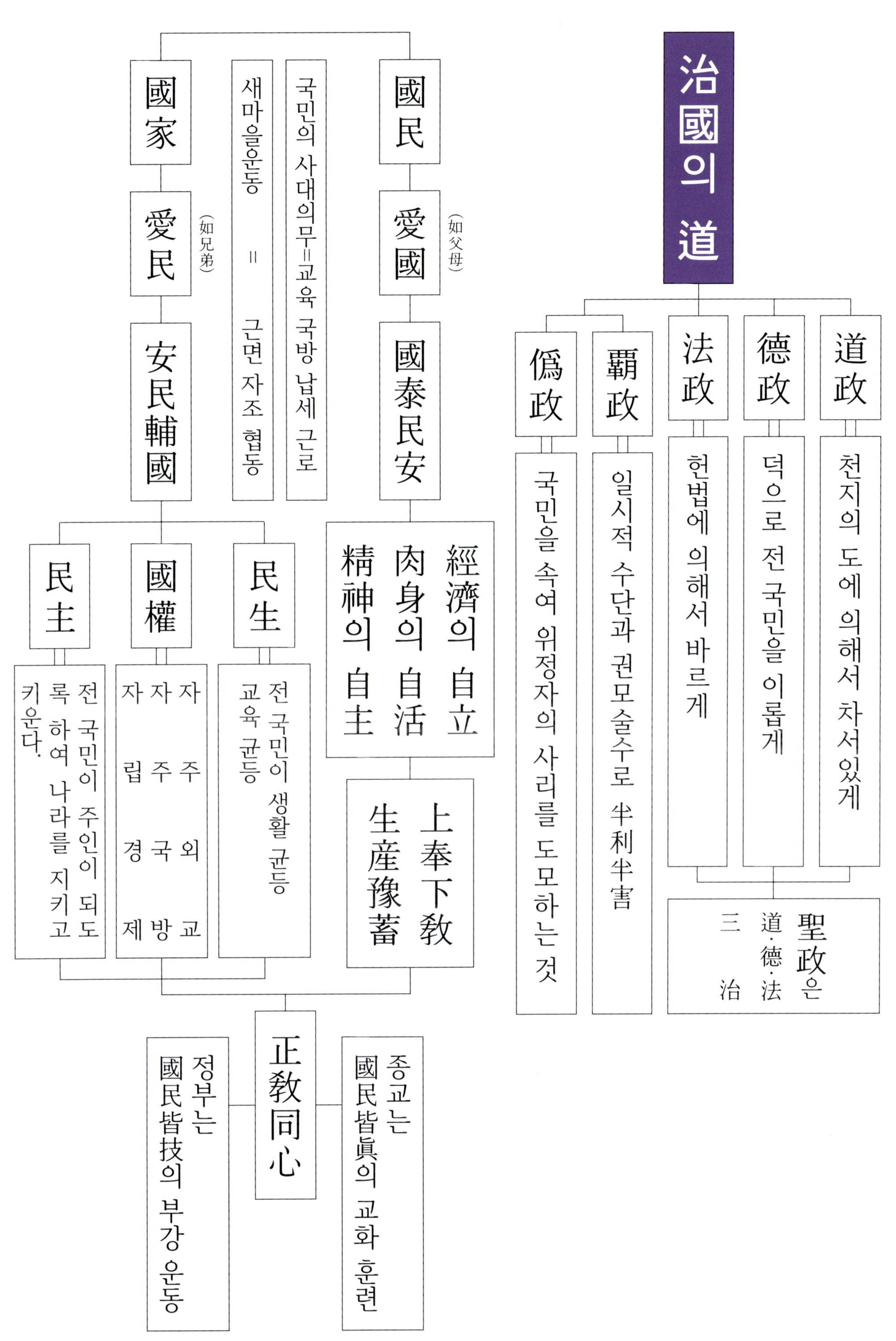

治國의 道
道政
천지의 도에 의해서 차서있게
德政
덕으로 전 국민을 이롭게
法政
헌법에 의해서 바르게
聖政은 道·德·法 三治
覇政
일시적 수단과 권모술수로 半利半害
僞政
국민을 속여 위정자의 사리를 도모하는 것
國民
愛國
(如父母)
國泰民安
經濟의 自立
肉身의 自活
精神의 自主
上奉下敎
生産豫蓄
국민의 사대의무=교육 국방 납세 근로
새마을운동 = 근면 자조 협동
國家
愛民
(如兄弟)
安民輔國
民生
전 국민이 생활 균등
교육 균등
國權
자주 외교
자주 국방
자립 경제
民主
전 국민이 주인이 되도록 하여 나라를 지키고 키운다.
正敎同心
종교는 國民皆眞의 교화 훈련
정부는 國民皆技의 부강 운동

三學=醫術
四恩=藥材
四要=治世

全州成功 一圓의 世界
慶州報恩 平和의 世界
公州均等 樂園의 世界

인류를 禪法化
세계를 佛恩化

同源道理는 同道一圓 (가르치고 배우는 것)

同氣連契는 同生一圓

同拓事業은 同歸一圓

各國大禪學院 一圓教育 (正典大意·四宗教概觀)

各國三同訓鍊院 一圓訓練

各國四大奉公會 一圓奉公 (永墓園, 萬聖展)

세계 불교 도교 유교 기독교 기타 종교의 최고 진리를 알려주고 깨우쳐서 서로 넘나들고 서로 화합해서 상부상조 相信相樂하는 불국의 세계, 선경의 세계 천국의 세계 하나의 세계인 일원세계로 同道一圓하자.

세계 종교 정치 종족 사상 大同和合하는 정교동심의 대국제 훈련원으로 同生一圓하자.

시방일가 사생일신의 정신으로 사대봉공하여 인류의 영과 육의 무지·질병·빈곤을 퇴치하는데 공헌한 공도자를 숭배하는 一圓祠堂(世界祠堂)을 마련해서 同歸一圓하자.

一圓主義는 大世界主義

※ 率性은 道로써 하고 人事는 德行으로써 한다

佛法의 修身

太極 無極 自然 道 하나님
圓佛님 一圓佛 法身佛 四恩
濟衆 率性
成佛 養性
見佛 見性
清淨法身佛
삼세 수도인이 거울삼는 자리로 覺人의 소유다. 삼세제불에 더하지 않고 일체중생에 덜하지 않은 자리이다.
處處佛像
圓滿報身佛
닮아 그대로 회복하여 내 것을 만든 자리. 법신에는 차이가 없으나 보신에는 불보살과 중생의 차이가 있다.
無時禪 無處禪
綿綿若存 用之不勤 一以貫之
如來의 天上天下唯我獨尊
唯我獨生
唯我獨露
不生不滅 眞體如如不變
因果報應
一念萬年, 如來應現自在
禪法化
自度
百億化身佛
회복한 그 보물을 널리 배급해 주는 것. 이것이 부처님들의 百億化身이다.
事事佛供
圓滿平等
至公無私
報恩佛供
應用無念
福慧兩全
佛恩化
他度

儒敎의 修身

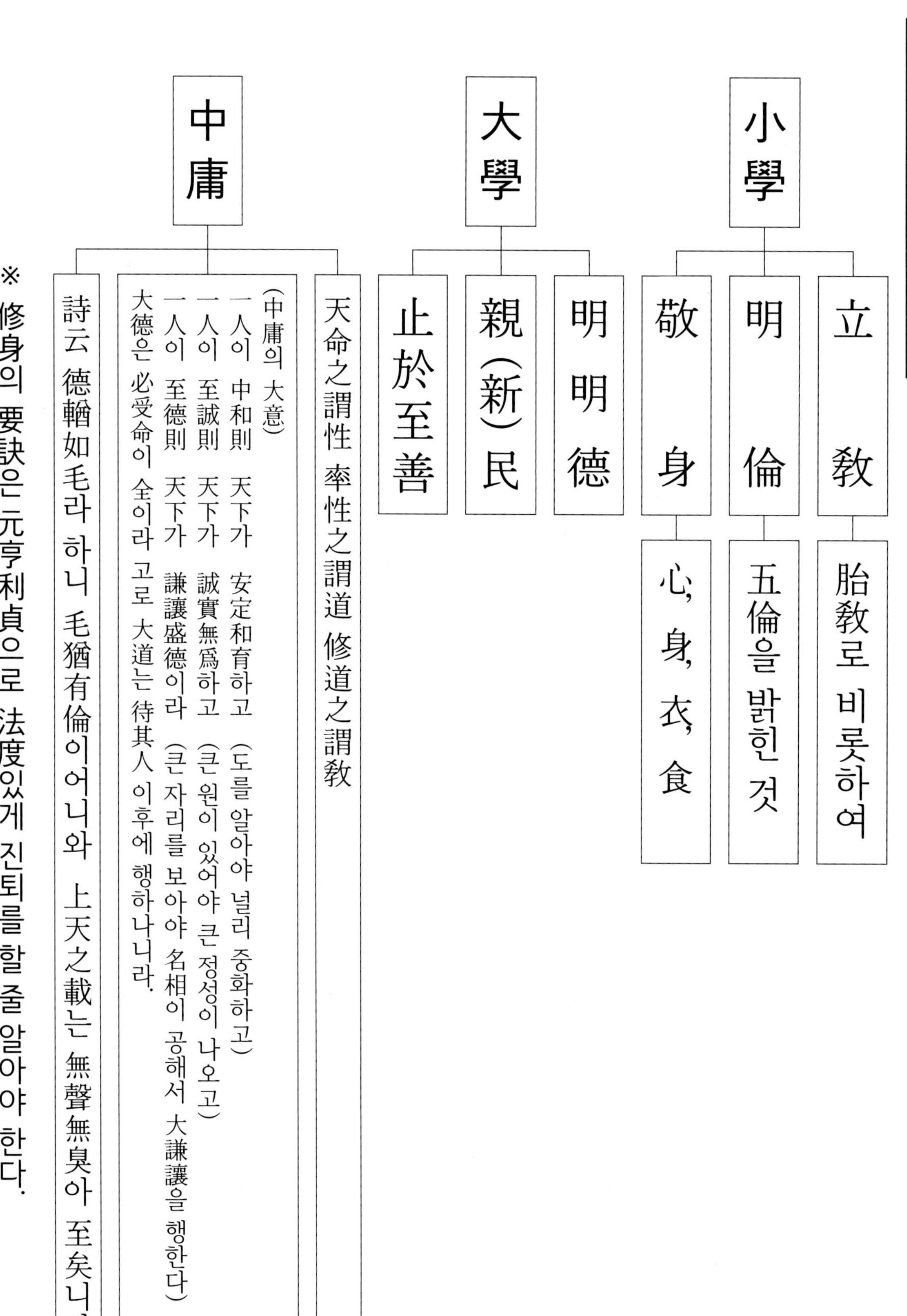

※ 修身의 要訣은 元亨利貞으로 法度있게 진퇴를 할 줄 알아야 한다.

〔周易乾卦〕

大人君子 進退의 道

不偏不倚한 것

初九는 潛龍이니 勿用이니라.

군자 뜻을 얻지 못할 때에는 망녕되이 구하지 말고 먼저 덕을 닦을 따름이요

九二는 見龍在田이니 利見大人이니라.

군자 출세하였으나 앞길을 개척하여 주는 올바른 지도자를 만나야 되고

九三은 君子終日乾乾하여 夕惕若하면 厲하나 無咎니라.

군자 지도자를 만났다 하더라도 스스로 謹嚴하여 남몰래 쌓은 노력이 있어야 허물이 없고

九四는 或躍在淵하면 無咎니라.

군자 설사 發薦이 되었다 하더라도 여의치 못할 때에는 다시 자중하고 도로써 힘을 기를 줄 알아야 허물이 없고

九五는 飛龍在天이니 利見大人이니라.

군자 비록 위를 얻었다 하더라도 좌우상하에서 밑받침이 되고 돕는 어진 師友가 있어야 허물이 없고

上九는 亢龍이니 有悔리라.

극한 자리는 위태한 자리라 반드시 변함이 많을 것이니 군자 도에 넘치지 말아야 후회함이 없을 것이다.

過不及이 없는 것

	中道	
陰地가 陽地 되고		陽地가 陰地가 된다
盛하면 衰하고		衰하면 盛한다
吉하면 凶하고		凶하면 吉한다
禍 뒤에 福이 오고		福 뒤에 禍가 온다

中道의 世界

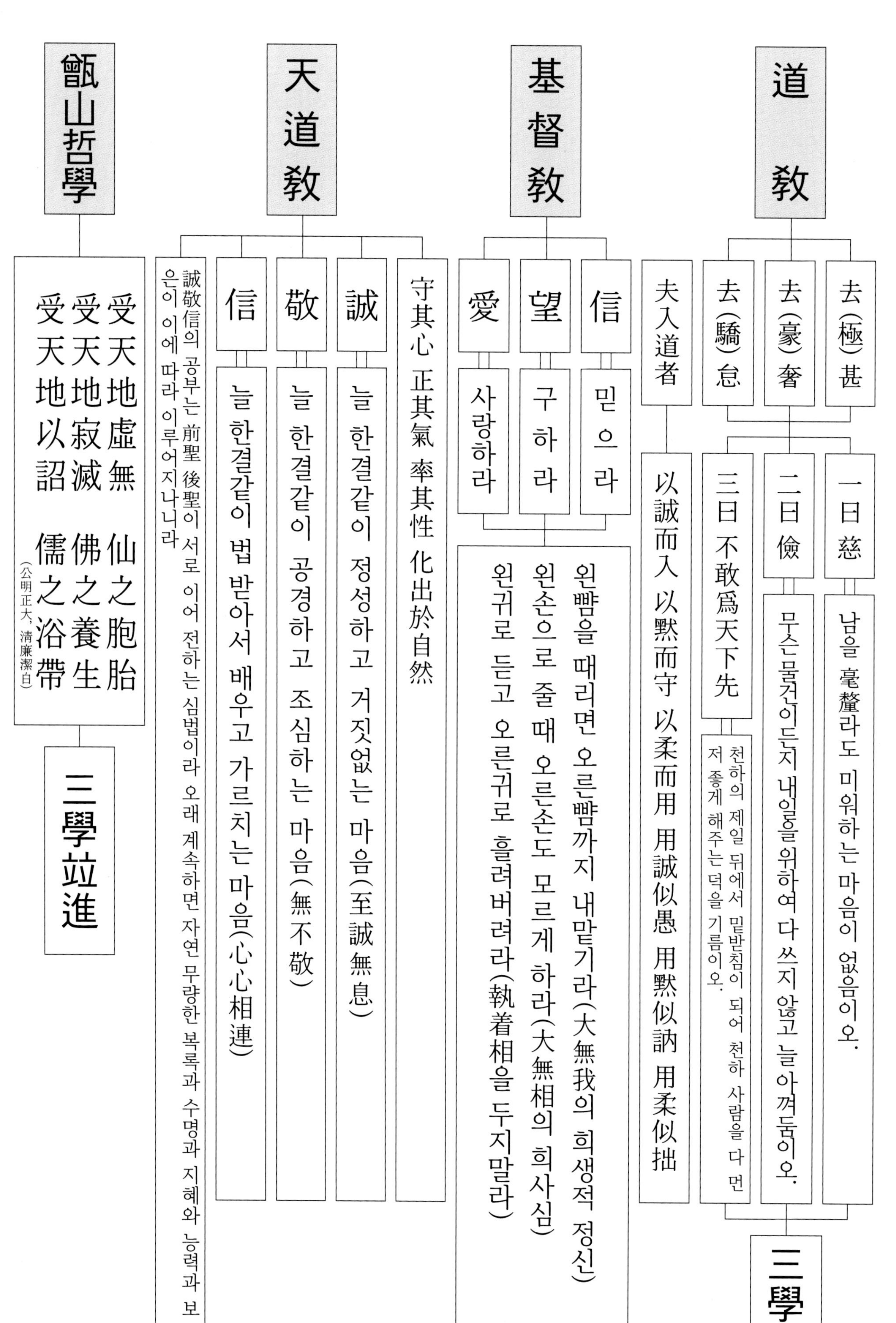
道教
去(極)甚
去(豪)奢
去(驕)怠
一曰慈
남을 毫釐라도 미워하는 마음이 없음이오.
二曰儉
무슨물건이든지 내일을위하여 다 쓰지 않고 늘 아껴둠이오.
三曰 不敢爲天下先
천하의 제일 뒤에서 밑받침이 되어 천하 사람을 다 먼저 좋게 해주는 덕을 기름이오.
三學
夫入道者
以誠而入 以黙而守 以柔而用 用誠似愚 用黙似訥 用柔似拙
基督教
信
믿으라
望
구하라
愛
사랑하라
왼뺨을 때리면 오른뺨까지 내맡기라(大無我의 희생적 정신)
왼손으로 줄 때 오른손도 모르게 하라(大無相의 희사심)
왼귀로 듣고 오른귀로 흘려버려라(執着相을 두지말라)
天道教
守其心 正其氣 率其性 化出於自然
誠
늘 한결같이 정성하고 거짓없는 마음(至誠無息)
敬
늘 한결같이 공경하고 조심하는 마음(無不敬)
信
늘 한결같이 법 받아서 배우고 가르치는 마음(心心相連)
誠敬信의 공부는 前聖 後聖이 서로 이어 전하는 심법이라 오래 계속하면 자연 무량한 복록과 수명과 지혜와 능력과 보은이 이에 따라 이루어지나니라
甑山哲學
受天地虛無 仙之胞胎
受天地寂滅 佛之養生
受天地以詔 儒之浴帶
(公明正大、清廉潔白)
三學竝進

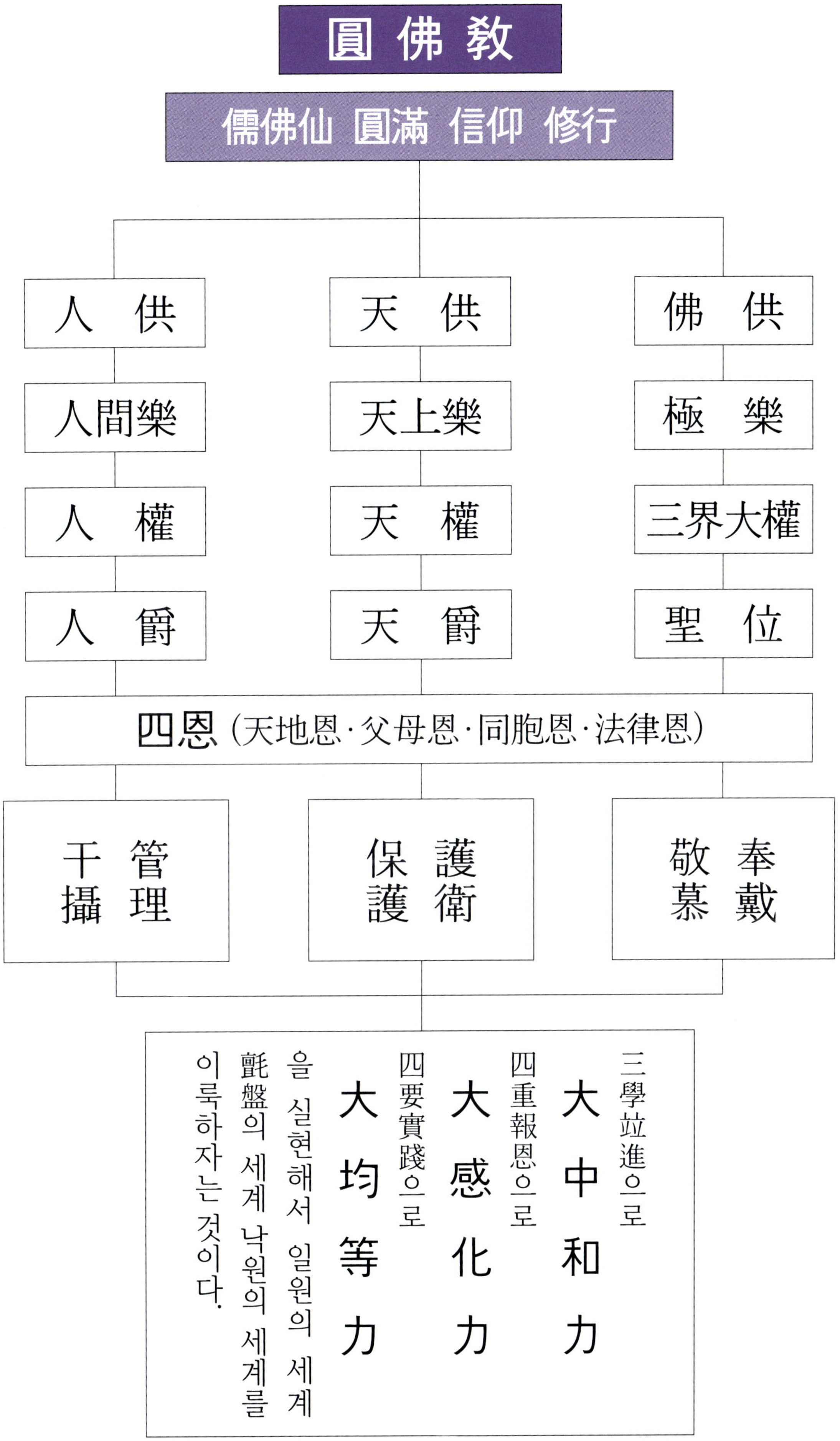

圓佛教

儒佛仙 圓滿 信仰 修行

人 供	天 供	佛 供
人間樂	天上樂	極 樂
人 權	天 權	三界大權
人 爵	天 爵	聖 位

四恩 (天地恩·父母恩·同胞恩·法律恩)

干 管 攝 理	保 護 護 衛	敬 奉 慕 戴

三學竝進으로
大中和力
四重報恩으로
大感化力
四要實踐으로
大均等力
을 실현해서 일원의 세계
氈盤의 세계 낙원의 세계를
이룩하자는 것이다.

世界平和의 四大運動(其二)

人類 皆眞 運動

人類 皆技 運動

人類 皆禪 運動

人類 報本 運動

政治 U.N.

전 인류의 생활향상으로 복지세계 건설

強弱進化의 道

천하의 강자여! 영원한 강자가 되고 싶거든 약자를 강자로 만들어 주라.

천하의 약자여! 영원히 약자를 벗어나고자 할진대 강자에 대항치 말고 강자되는 법을 배워 행하라.

宗教 U.R.

전 인류의 心田啓發로 도덕세계 건설

救世濟衆

指導人의 要點

率先垂範의 指導

知行合一의 敎化

指導人의 亀鑑

一. 동지와 고락을 같이 나눠서 하라.

二. 먼저 실천하면서 말해주라.

三. 사생활에 있어서 법도를 어기지 마라.

四. 최후까지 인내하고 지구력을 가지라.
(중도에 쉬면 무슨일이든지 성공을 보지 못한다)

※ 신분검사 철저히 실시

世界平和의 四大運動(其二)

人類의 靈과 肉에 無知·疾病·貧困을 물리치자

生活信條로 體質化하여

人類皆眞運動

참을 길러서 오늘도 참되게 살자.

내마음을 속이지 않고—無欺心
사람을 속이지 않고—無欺人
하늘을 속이지 않고—無欺天

人類皆技運動

자력을 길러서 오늘도 내 힘으로 살자.

정신의 自主力—恒心
육신의 自活力—恒身
경제의 自立力—恒産

人類皆禪運動

大禪定에 들어 오늘도 禪心으로 살자.

禪定三昧—坐禪, 立禪, 行禪, 臥禪
讀書三昧
事上三昧—어느때나 禪, 일일이 佛供

人類報本運動

은혜를 알아서 오늘도 보은하며 살자.

四恩報恩
- 法律恩
- 同胞恩
- 父母恩
- 天地恩

大樂園世界 建設

圖解法門

附三

奉佛의 뜻

如來의 三大願

三田法門

六道 六學 六藏

一圓花

人生의 座標

幼兒敎育

人類興亡의 三大原因

世界平和의 三大提言

敎團의 體制

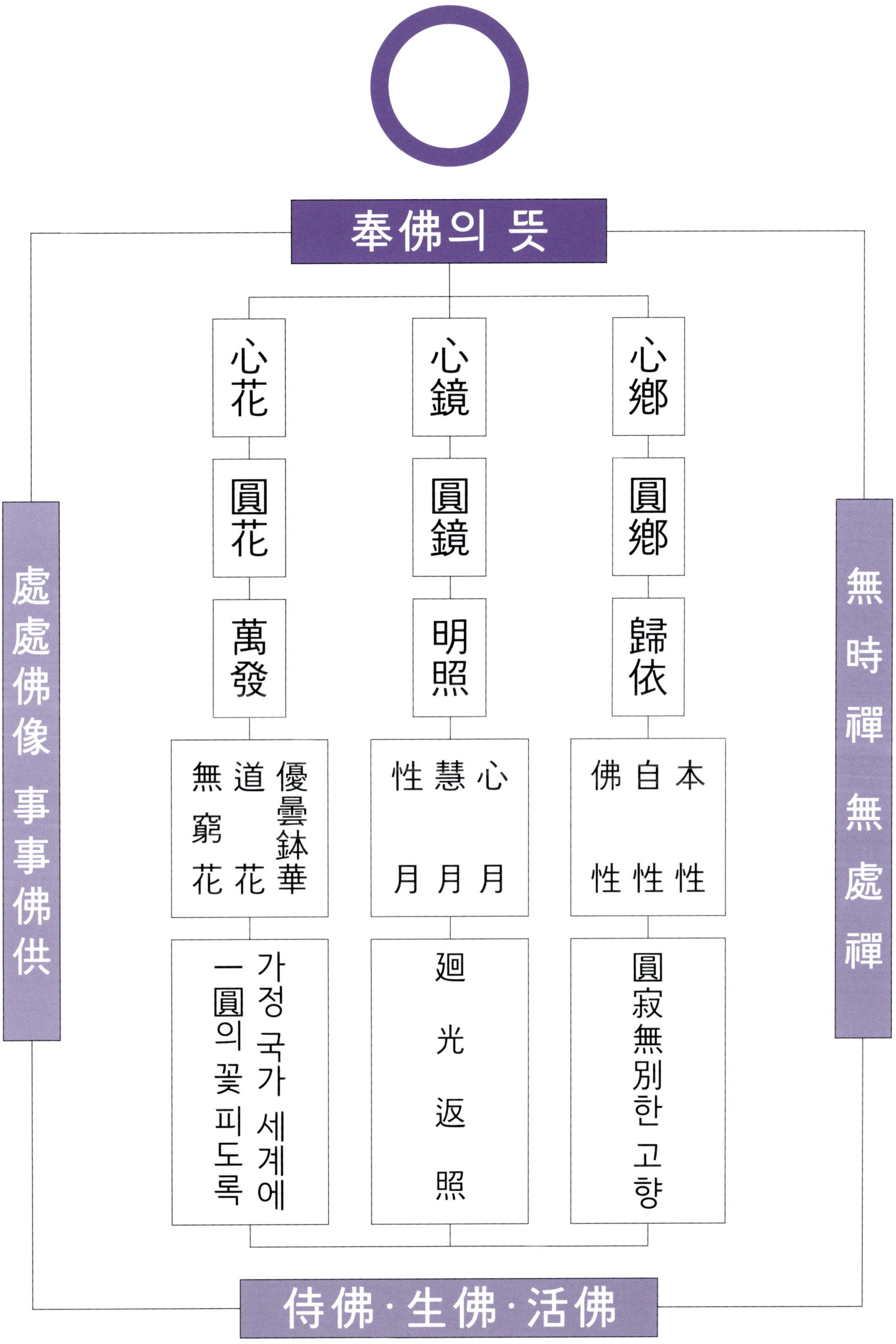

奉佛의 뜻

處處佛像 事事佛供

無時禪 無處禪

心花 — 圓花 — 萬發 — 優曇鉢華 道花 無窮花 — 가정 국가 세계에 一圓의 꽃 피도록

心鏡 — 圓鏡 — 明照 — 心月 慧月 性月 — 廻光返照

心鄕 — 圓鄕 — 歸依 — 本性 自性 佛性 — 圓寂無別한 고향

侍佛·生佛·活佛

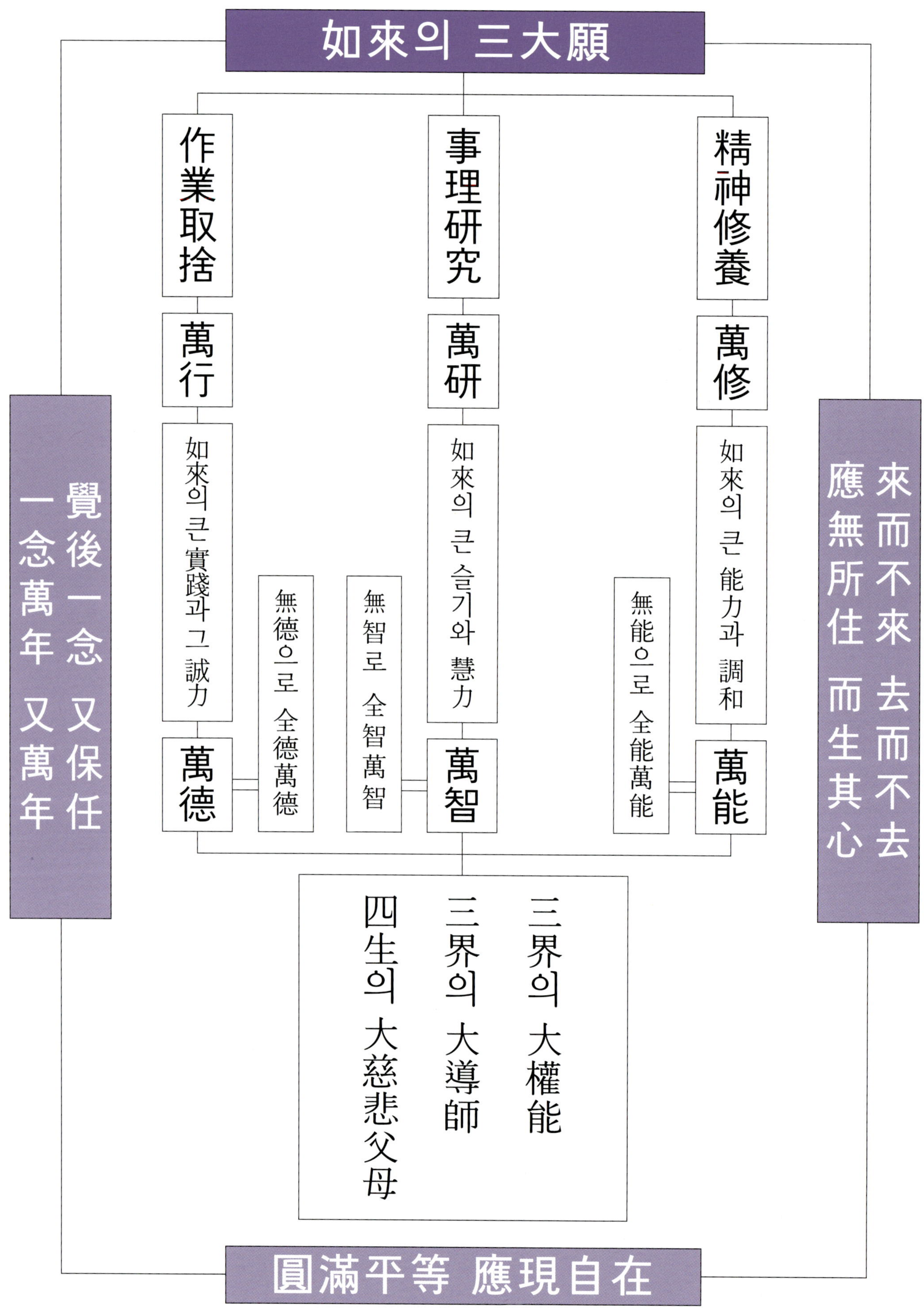
如來의 三大願
作業取捨
事理研究
精神修養
萬行
萬研
萬修
如來의 큰 實踐과 그 誠力
如來의 큰 슬기와 慧力
如來의 큰 能力과 調和
無德으로 全德萬德
無智로 全智萬智
無能으로 全能萬能
萬德
萬智
萬能
三界의 大權能
三界의 大導師
四生의 大慈悲父母
覺後一念 又保任
一念萬年 又萬年
來而不來 去而不去
應無所住 而生其心
圓滿平等 應現自在

三田法門

無限動力 無限動

春種夏育 秋收冬藏

德田	法田	靈田
四恩	會上	眞理
百億化身佛	圓滿報身佛	清靜法身佛
德宮	法宮	眞宮
九天德宮 — 三達德＝智仁勇	三天法宮(二十八天) — 佛教＝三千大千世界	三淸眞宮 — 上, 中, 下
九重深川 九靈三精	慾界六天 色界十八天 無色界四天	太淸 虛淸 玄淸
中心 中道 中和	虛靈 知覺 神明	定心 靜心 一心
德	法	靈
心德 智德 行德	大覺 圓覺 正覺	靈通 道通 法通

佛佛聖聖繼法統

六道 六學 六藏
正心
六道
六根을
肉身의 가는길
精神의 가는길
六波羅蜜
布施·持戒
忍辱·精進
禪定·智慧
天道
地道
人道로
脫線없이
常道
正道
中道
過不及은
非道
無量慈悲
無相布施
六根을 六道로 법있게 도있게 철학으로 과하지 않게 모자라지 않게 中道로써 無量慈悲 無相布施로 萬德을 베풀 것.
率其性
謙遜
不德
無念
故로 全德=萬德
萬德
鍊心
六學
六根을
外學
科學
眞理와 道德과 哲學으로
內學
道學
一. 배울 줄 아는 것.
二. 생각할 줄 아는 것.
三. 깨달을 줄 아는 것.
四. 가르칠 줄 아는 것.
五. 개과천선해서 서로 共生共榮 하는 것.
百千法門
無上妙意
百千法門과 無上妙意를 배우고 깨달아서 학문과 도학과 상식을 갖춰 萬智를 얻을 것.
明其智
大明無明
大智無智
大光無光
故로 全智=萬智
萬智
潛心
六藏
六根을
일생의 겉보물 秘藏管理
영생의 속보물 秘藏管理
一. 천지는 冬藏으로서 天長地久
二. 대인들은 秘藏·遁藏·含藏으로 영원불변
(例) 佛陀는 入定三昧 七日入定 七日說法
孔子는 潛龍勿用
老子는 腹中 八十年
千萬定靜
千萬修行
千萬번 멈추고 고요히 潛心해서 千萬번 닦고 行해서 萬能을 얻을 것
守其定
用誠似愚
用默似訥
用柔似拙
故로 全能=萬能
萬能

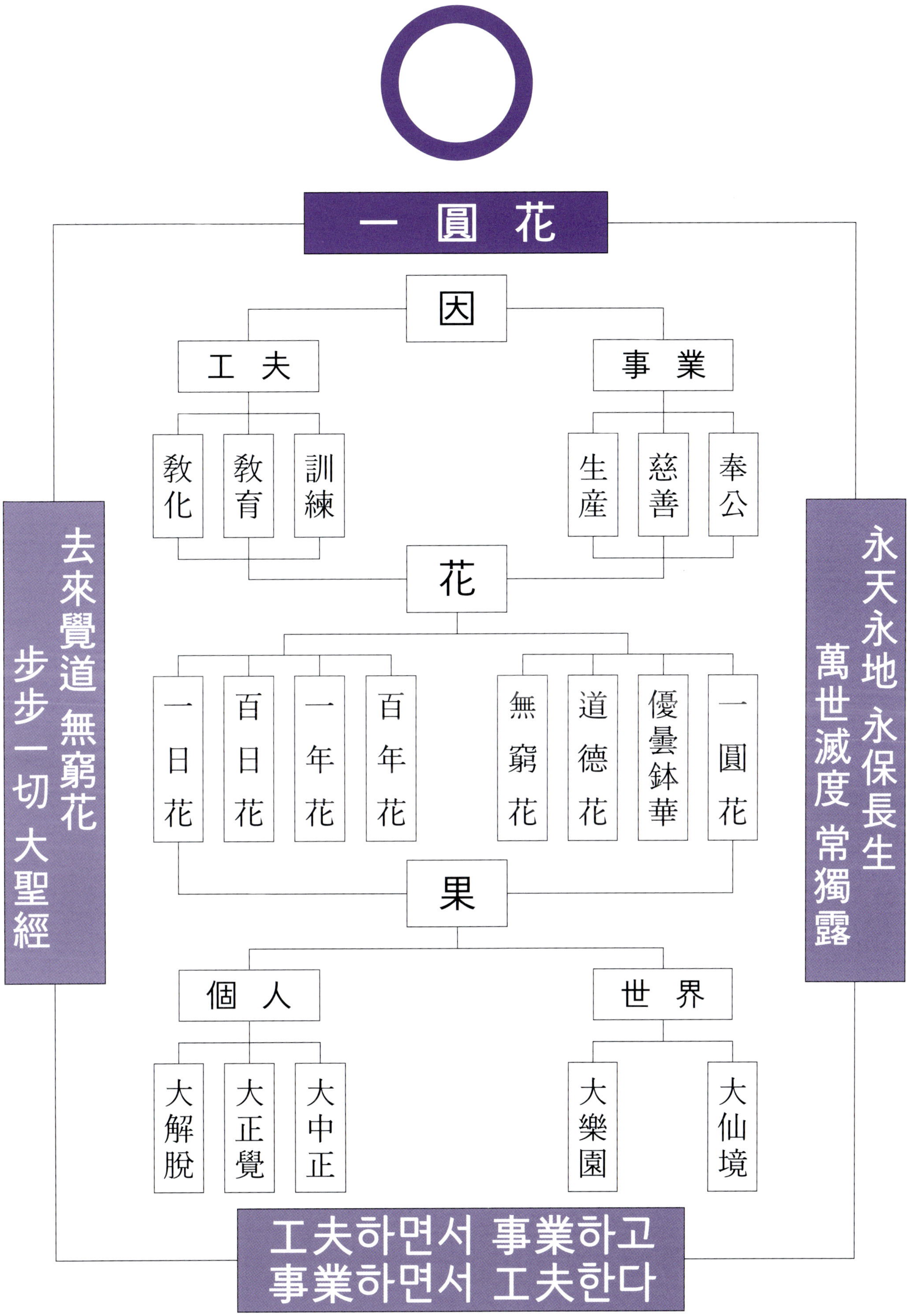

一 圓 花

因

工 夫

敎化 / 敎育 / 訓練

事 業

生産 / 慈善 / 奉公

花

一日花 / 百日花 / 一年花 / 百年花

無窮花 / 道德花 / 優曇鉢華 / 一圓花

果

個 人

大解脫 / 大正覺 / 大中正

世 界

大樂園 / 大仙境

去來覺道 無窮花
步步一切 大聖經

永天永地 永保長生
萬世滅度 常獨露

工夫하면서 事業하고
事業하면서 工夫한다

人生의 座標

全信全受

全奪全與

무엇을 믿고 살 것인가
무엇을 위해 일할 것인가
어디로 돌아갈 것인가

自己
- 자기를 믿고 살자.
- 자기를 위해 일하자.
- 자기에게 돌아가자.

四恩
- 사은을 믿고 살자.
- 사은을 위해 일하자.
- 사은에게 돌아가자.

會上
- 회상을 믿고 살자.
- 회상을 위해 일하자.
- 회상으로 돌아가자.

法
- 법을 믿고 살자.
- 법을 위해 일하자.
- 법으로 돌아가자.

스승
- 스승을 믿고 살자.
- 스승을 위해 일하자.
- 스승에게 돌아가자.

眞理
- 진리를 믿고 살자.
- 진리를 위해 일하자.
- 진리로 돌아가자.

永世 救援
永世 報恩

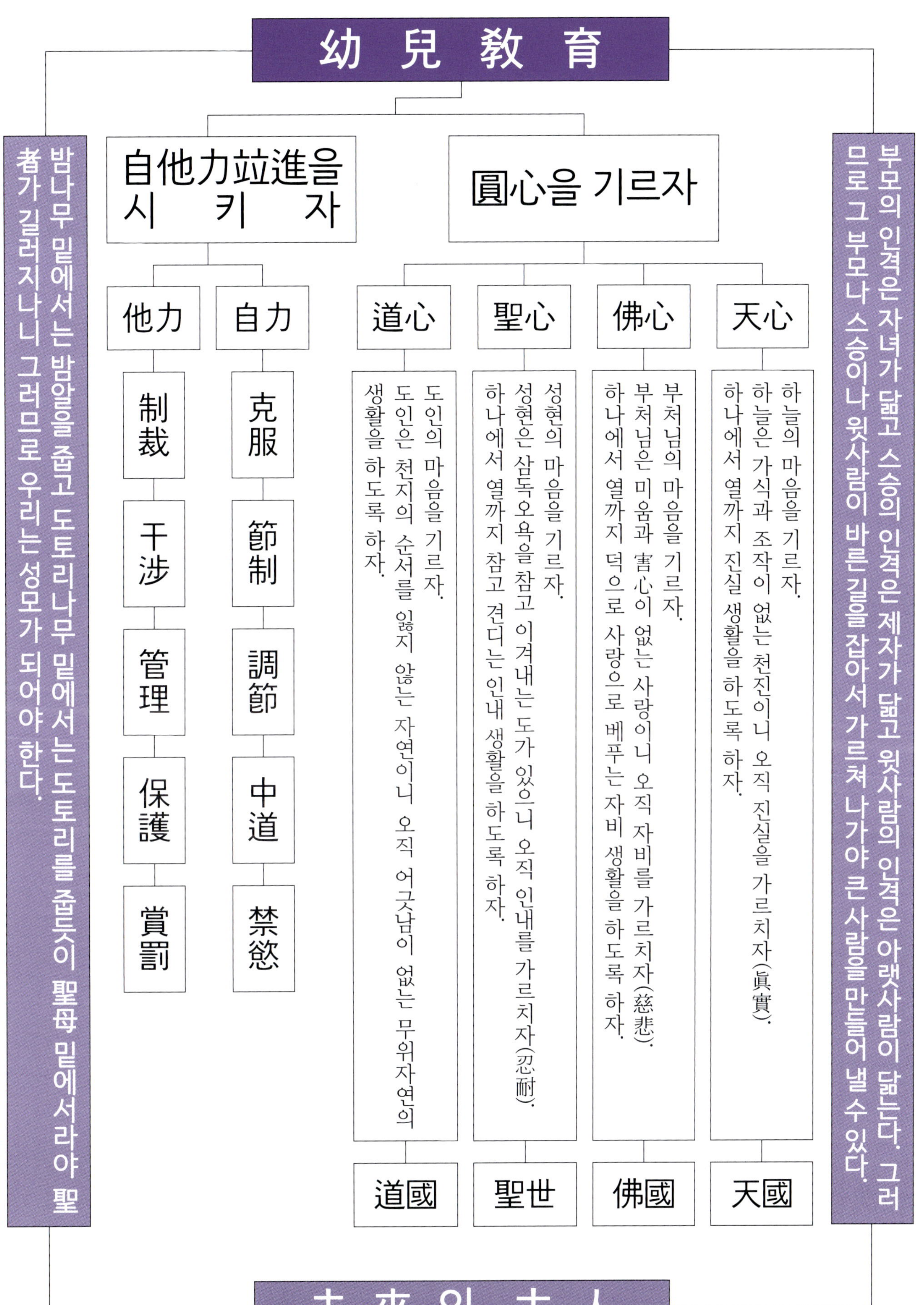
幼兒教育
自他力竝進을 시키자
圓心을 기르자
他力
自力
道心
聖心
佛心
天心
制裁
干涉
管理
保護
賞罰
克服
節制
調節
中道
禁慾
도인의 마음을 기르자. 도인은 천지의 순서를 잃지 않는 자연이니 오직 어긋남이 없는 무위자연의 생활을 하도록 하자.
성현의 마음을 기르자. 성현은 삼독오욕을 참고 이겨내는 도가 있으니 오직 인내를 가르치자(忍耐). 하나에서 열까지 참고 견디는 인내 생활을 하도록 하자.
부처님의 마음을 기르자. 부처님은 미움과 害心이 없는 사랑이니 오직 자비를 가르치자(慈悲). 하나에서 열까지 덕으로 사랑으로 베푸는 자비 생활을 하도록 하자.
하늘의 마음을 기르자. 하늘은 가식과 조작이 없는 천진이니 오직 진실을 가르치자(眞實). 하나에서 열까지 진실 생활을 하도록 하자.
道國
聖世
佛國
天國
밤나무 밑에서는 밤알을 줍고 도토리나무 밑에서는 도토리를 줍듯이 聖母 밑에서라야 聖者가 길러지나니 그러므로 우리는 성모가 되어야 한다.
부모의 인격은 자녀가 닮고 스승의 인격은 제자가 닮고 웟사람의 인격은 아랫사람이 닮는다. 그러므로 그 부모나 스승이나 웟사람이 바른 길을 잡아서 가르쳐 나가야 큰 사람을 만들어 낼 수 있다.
未來의 主人

人類興亡의 三大原因

夏桀商紂는 忘此心者, 自行自止 = 降級 = 墮落

二帝三王은 存此心者 自由自在 = 進級 = 成佛

亡의 原因

心亡 心妄 心忘

美色之所好 財寶之所好 名利之所好

心亡 心妄 心忘으로 인하여 美色 財寶 名利의 함정에 빠져서 개인 가정 국가 세계 교단이 망한다.

三任

正直 中直 道直한 사람에게는 진리와 도덕과 仁을 맡기게 된다.

진리와 도덕과 仁을 맡은 사람은 세상의 주인이요 상등인이다.

三不任

心亡 心妄 心忘한 사람에게는 진리와 도덕과 仁을 맡기지 않는다.

진리와 도덕과 仁을 맡지 못한 사람은 세상의 객이요 하등인이다.

興의 原因

正直 中直 道直

精神을 찾자.
眞理의 눈을 뜨자.
正義實踐을 하자.

正直 中直 道直으로 因하여 千佛 萬聖이 배출되어 개인 가정 국가 세계 교단이 흥한다.

原理

흥망의 원리는 주었다가 빼앗고 빼앗었다가 주는 것이니 평생을 두렵고 조심하면서 살아야 할 것이니라.

永世의 잘사는 길

世界平和 三大提言

政敎同心 嚴父慈母

宗敎聯合機構 創設 U.R.

우리 모든 종교인은 합심합력해서 정치적인 U.N.에 대등한 종교적인 U.R.을 창설시켜서 인류에 대한 영과 육의 빈곤·질병·무지를 퇴치시킬 수 있는 의무와 책임을 갖자.

共同市場開拓

우리 모든 인류가 나라와 사상의 울을 넘어서서 생존경쟁보다 서로 공생공영 할 수 있는 새로운 길을 개척하자.

心田啓發 訓練

우리 모든 인류가 묶어있는 마음밭을 계발하고 훈련시켜서 진리의 태양이 솟아 마음을 서로 크게 넓히고 밝히고 잘 쓰는 圓滿人이 되어 새 나라 새 세계를 만들자.

道德과 科學의 竝進

진리는 하나
세계도 하나
인류는 한 가족
세상은 한 일터
개척하자 하나의 세계

內外兼全한 大文明世界

敎團의 體制

一圓의 圓滿한 眞理
三學의 圓滿한 修行
四恩의 圓滿한 信仰·奉公
四要의 圓滿한 治國·治平

工夫爲主 敎化從
敎化爲主 事業從
事業爲主 人類從
人類爲主 四生從

敎團의 六大事業

敎化 敎育 慈善 訓練(定期·常時) 生産(産業·金融) 奉公(四恩·奉公)

細根: 敎務養成 産業安定 敎團和合 所遇善化 敎徒增加

底力: 內修定力 內研眞理 內正戒律

內實: 敎材整備 機關確立 達本明根 政敎同心

自身訓練 敎徒訓練 國民訓練 人類訓練

世界復活 道德復活 會上復活 聖人復活 마음復活

精神武裝 道德武裝 會上武裝 經濟武裝

最後勝利 實力爲上

本立而道生 務本力行

元亨利貞 敎運無窮

大山宗師
教理實踐圖解

원기71년(1986) 6월 24일 초판 발행
원기104년(2019) 6월 28일 재판 1쇄 발행

지은이 대산 종사

펴낸이 주영삼
인 쇄 원광사
펴낸곳 원불교출판사
출판신고 1980년 4월 25일(제1980-000001호)
주 소 전라북도 익산시 익산대로 501
전 화 063)854-0784
팩 스 063)852-0784
www.wonbook.co.kr

값 9,000원

ISBN 978-89-8076-341-2(03200)